인문학시민강좌 04

동아시아 영토분쟁의 어제와 오늘

인하대학교 한국학연구소 편

인문학시민강좌 04

동아시아 영토분쟁의 어제와 오늘

ⓒ 인하대학교 한국학연구소, 2014 Printed in Incheon, Korea

1판 1쇄 인쇄__2014년 12월 20일
1판 1쇄 발행__2014년 12월 30일

엮은이__인하대학교 한국학연구소
펴낸이__홍정표

기 획__인하대학교 한국학연구소
　　　　주소__402-751) 인천광역시 남구 인하로 100
　　　　전화__032) 860-8475
　　　　홈페이지__http://www.inhakoreanology.kr

펴낸곳__글로벌콘텐츠
　　　　등록__제25100-2008-24호
　　　　이메일__edit@gcbook.co.kr

공급처__(주)글로벌콘텐츠출판그룹
　　　　대표__홍정표
　　　　편집__신은경 노경민 김현열 김다솜 기획·마케팅__이용기
　　　　디자인__김미미 최서윤 경영지원__안선영
　　　　주소__서울특별시 강동구 천중로 196 정일빌딩 401호
　　　　전화__02) 488-3280 팩스__02) 488-3281
　　　　홈페이지__http://www.gcbook.co.kr

값 11,000원
ISBN 979-11-85650-67-8 04300
　　　 978-89-93908-12-1 (set)

　인하대학교 한국학연구소는 1986년 설립된 이래 어학, 문학, 역사, 철학, 종교, 문화를 중심으로 한국학의 제반 학문분야에 대한 연구를 꾸준히 수행해 왔습니다. 특히 2007년부터는 '동아시아 상생과 소통의 한국학(Koreanology for East-Asia Community)'이라는 아젠다(agenda)를 가지고 공동연구를 진행하고 있습니다. 우리 연구소는 이러한 아젠다를 인천지역 시민과 소통하기 위해 연구소의 연구역량을 모아 2009년 하반기부터 〈인천시민인문학강좌〉를 개설·운영하고 있습니다. 본 강좌는 우리 연구진의 비판적 문제의식을 제시하고 시민과 함께 호흡하면서 인문학의 사회적 소통을 도모하고자 기획한 것입니다.

　이번에 내놓는 〈인문학시민강좌 04〉는 2014년도 상반기에 "동아시아 영토분쟁의 어제와 오늘, 그리고…"라는 주제 아래 진행된 총 8강좌의 내용을 수정, 보완하여 묶었습니다. 이 기획은 〈인천시민인문학강좌〉를 운영하는 네 분야(인문학, 한국학, 동아시아학, 인천학) 가운데 동아시아학에 해당

합니다.

오늘날 세계 도처에서는 민족·종교·이념 등이 다르다는 이유로 분쟁이 끊이지 않고 있습니다. 또한 관할 영역이 애매하거나 역사적 지배가 혼용되었던 일부지역에 대한 영토분쟁領土紛爭(territorial dispute)도 심심치 않게 진행되고 있습니다.

영토분쟁은 일정한 영토의 주권을 두고 벌어지는 국가와 국가 사이의 국제분쟁을 말합니다. 따라서 땅과 하늘, 강, 바다 등 모든 영토가 분쟁의 대상이 됩니다. 이러한 영토분쟁은 동아시아지역에서도 예외가 아닌데, 한·중·일 및 러시아, 동남아시아 여러 국가들의 이해관계가 첨예하게 대립하고 있기 때문입니다. 특히 한·중·일 3국이 심심찮게 벌이는 영토분쟁은 최악의 경우 전쟁으로 비화될 수 있다는 점에서 예의 주시되고 있습니다.

이에, 2014년도 상반기 〈인천시민인문학강좌〉에서는 간도間島와 이어도離於島, 독도獨島, 센카쿠尖閣(댜오위다오釣魚島) 등한·중·일 간의 해역에서의 분쟁, 그리고 중국 내의 티베트

문제, 남·북한 간의 서해분쟁, 영토분쟁과 일본의 과거사 왜곡 문제, 영토분쟁에 관한 국제법상의 판례 등을 각론으로 살펴보았습니다. 이러한 강좌의 내용을 필자들이 수정, 보완한 최종 결과물이 이번에 간행하는 인문학시민강좌 4권입니다.

이 책의 기획과 간행의 모든 과정은 본 연구소의 임학성 교수가 맡았습니다. 연학硏學의 바쁜 와중에도 연구소의 인문학 대중화사업에 노고를 아끼지 않은 점에 감사드립니다. 아울러 강좌가 성공적으로 개설된 데에는 인천광역시립박물관과 경인일보사와의 협력체계가 없었으면 불가능했습니다. 두 기관의 기관장께 감사드리며, 특히 강좌 진행을 위해 애써 준 본 연구소의 류창호 연구원, 인천광역시립박물관의 안성희 학예사, 강좌 내용을 꼼꼼히 정리, 보도해 준 경인일보사의 김민재 기자께도 감사의 말씀을 전합니다.
또한, 어려운 출판 상황에서도 인문학 발전에 기여코자 하는 일념으로 꾸준히 〈인문학시민강좌〉를 출판해 주는 글로벌콘텐츠 홍정표 대표이사님과 편집팀에게도 감사를 드립니다.

모쪼록 이번 교양총서가 동아시아의 여러 나라들이 외교적 수사修辭만으로 상생하고 소통하는 것이 아닌, 진실로 평화를 모색하는 공생共生의 길이 무엇인가를 찾아보는 일말의 자극이 되었으면 합니다.

2014년 12월

인하대학교 한국학연구소

소장 김 만 수

contents

땅 문제이자 사람 문제인
간도문제

은정태

서울대학교 역사교육과를 졸업하고 동교 국사학과에서 석사학위를 취득한 후 박사학위 과정을 수료하였으며, 현재 역사문제연구소 연구원으로 재직중이다. 근대정치사 및 대외 관계사를 전공하고 있으며, 특히 한·중관계의 일환으로 간도문제를 중요 연구주제로 하고 있다. 주요 논문으로 「1899년 한청통상조약과 대한제국」(2005), 「대한제국기 ‘간도문제’의 추이와 ‘식민화’」(2007) 등이 있다.

땅 문제이자 사람 문제인 간도문제

1. 간도문제

간도문제는 단지 영토문제만이 아니다. 여기다 주민문제를 포함한다. 영토문제는 국가 간 경계를 어떻게 처리할 것인가의 문제이고, 주민문제는 거주 조선인을 누가 어떻게 관할할 것인가의 문제이다. 이것은 대체로 정부의 시선에서 본 간도문제였다. 반면 주민의 시선에 본 간도문제는 달리 존재하였다. 그들에게는 가장 큰 관심은 평화로운 삶이었다.

일반적으로 영토문제와 주민문제의 관계는 독특하다. 주민문제는 당대의 문제인 반면 영토문제는 과거와 현재를 넘나드는 역사인식과 밀접한 관련이 있다. 또 주민문제는 일상적으로 제기되는 반면에 영토문제는 계기적으로 제기된다. 당대의 문제인 주민문제가 제기되면서 계기적으로 영토문제를 환기, 증폭시키곤 하였다. 영토문제가 해결된다고 해서 주민문제가 자연 해결되는 것도 아니었다. 주민문제는 영토문제의 귀결 방향과 관계없이 주민들이 문제가 된 곳에 살고 있는 한 그것은 항상 문제시 될 수 있었다.

간도문제의 출발은 19세기 유민문제였으며, 이를 해결해 나가는 과정에서 영토문제가 부각되었다. 조선과 청국 간의 감계勘界가 이루어지자 영토문제는 자체 동력을 가지게 되었고 희망하는 결과로 귀결되지 못하면서 차츰 신화가 되었다. 다만, 감계할 때도 양국이 염두에 둔 것은 유민문제였다. 논의의 선후가 있었지만, 결코 뗄 수 없는 관계였다. 그러나 영토문제가 부각되면서 자연스레 주민문제는 부차적인 것으로 취급되는 경우가 많았다. 오늘날 간도문제에 대한 주요 관심은 영토문제이다. 근대국가는 상상된 역사, 지리 경계선에 정당성을 확인하고 영토문제에 근대국가의 존재론적 의미를 부여하고 있다.

1909년 간도협약이 체결된 이래 영토문제는 신화가 되어 잠복되었다. 식민지시대 대규모 이주가 이루어지면서 주민문제가 전면에 드러났다. 해방 이후에는 냉전과 분단으로 인해 두 문제는 모두 잊혀졌다. 계기적으로 영토문제가 냉전적 사고 하에 잠시 부각되는 경우가 있었다. 1992년 한중

수교 이후 간도문제는 영토문제를 중심으로 전개되었다.

정리하면 간도문제는 땅과 사람의 문제, 곧 영토문제와 주민문제였다. 즉, 19세기 이래 조선과 청국이 국경선 획정을 둘러싼 협상과 정책을 포함하여 사람의 보호, 관리라는 사법권의 문제, 그들의 경제활동에 대한 조사와 과세 문제, 그들의 정체성과 관련된 사회문화정책 등을 망라하는 것이다. 더 나아가 간도지역과 함경도지역 주민들의 정치적, 사회적, 문화적 관계와 현재 삶을 바꾸려는 여러 전망까지도 포함한다.

2. 간도의 명칭과 범위: 북간도와 서간도

간도문제가 주민문제와 결합되어 있었기 때문에 간도라는 말과 범위는 한인의 활동공간이 확대됨에 따라 달라졌다.

간도라는 명칭은 간도間島, 간도墾島, 간토墾土 등에서 나왔다는 것이 통설이다. 19세기 고종대 두만강 가운데에 있는 섬을 함경도 종성 인근 사람들이 개간하면서 間島(사잇섬)라 불렀고, 차츰 대안對岸지역까지 개간지를 확대하는 과정에서 자연스레 墾島도 혼용되었다. 이것이 영토문제와 결합되면서 간도의 범위는 무산, 회령, 종성, 온성 대안과 해란강

이남지역을 간도라고 통칭하였다. 간도라는 명칭에는 한인들의 두만강 대안지역으로 이주와 개간의 역사가 담겨 있는 것이다.

북간도北間島·北墾島라는 명칭은 대한제국기에 등장하였다. 1902년 간도지역에 시찰 이범윤李範允이 '함북간도시찰咸北間島視察'이라는 이름으로 파견되었다. 당시 언론에서는 이를 줄여 '북간도시찰'이라 부르면서 북간도라는 지역명칭이 사용되었다. '함북간도'라는 말에는 함경북도의 일부인 간도라는 뜻으로 강한 영토의식이 담겨 있었다. 한편, 이전 '강북江北'이라 불렀던 압록강 대안지역을 서간도라 부르기 시작했다. 북간도의 대칭對稱이었다. 북간도와 서간도라는 호칭은 함경도를 관북關北과 평안도를 관서關西로 부르는 전통도 한 몫 하였다. 그 전에는 압록강 대안지역을 '강북'이라 불렀다. 서간도의 범위도 시기별로나 논자들마다 달랐다. 역시 한인들의 거주지와 조선정부의 관할 여부에 따른 것이지만, 대체로 압록강 중상류(초산, 강계, 자성, 후창, 갑산, 삼수) 대안 혼강渾江 이남지역을 지칭했다.

앞서 언급한 영토문제로서 간도문제를 따진다면 서간도 지역에 대해서는 조선, 대한제국 정부 차원에서 공식적으로 주장한 적이 없었다. 그러나 주민문제를 중심으로 본다면 주민보호를 위한 관리의 파견과 호구조사, 민간 포수들의 활동과 군사적 대응, 변경 지방관의 개입과 세금수취 등의 문제는 북간도와 서간도가 동일하였다. 간도문제라 할 때, 북간도를 중심으로 논의되는 경우가 많지만 서간도도 빼놓을 수 없는 이유이다.

1907년에 설치된 통감부간도파출소는 현재의 중국 연길지역 전체(당시 연길청)를 동간도라고 부르고, 길림 남부의 송화강 상류를 서간도로 지칭하였다. 이것은 송화강지역까지 간도의 범위를 확대함으로써 일본의 만주침략 매개로 간도문제를 활용하려는 의도에서 나왔다.

이처럼 間島, 墾島, 북간도와 서간도라는 명칭과 범위의 다양함에는 한인들의 개척의 역사, 조선정부의 정책 의지,

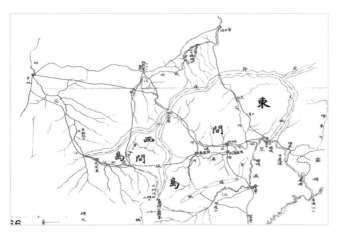

〈그림 1〉 통감부파출소의 동·서간도 표기

일제의 침략의지 등 간도문제를 둘러싼 여러 주체들의 시선이 투영되어 있음을 알 수 있다.

3. 간도문제의 경과

조선 후기 이래 조선과 청국은 간도지역을 봉금封禁하고 발견되는 주민을 '범월죄犯越罪'로 처벌해 왔다. 사냥, 인삼채취, 도망 등 다양한 이유로 두만강을 건너는 일이 있었지만 불법행위로 간주하였다.

간도문제는 고종 초기인 1869년, 1870년 함경도지역에 대기근이 발생하여 수많은 사람들이 두만강과 압록강을 건너 이주하면서부터 비롯되었다. 함경도 사람들은 청국 쪽 뿐만 아니라 연해주로도 많은 수가 이주하였다. 조선정부로서는 불가항력의 상황이었는데, 가끔 관리를 파견하여 이들의 귀환을 유도하였다. 한편, 청국은 북경조약 체결 이후 변경 방어를 위해 동북지방으로 한인漢人들의 이주를 장려하였고, 1881년에는 길림지역도 개방하였다. 청국 관리가 두만강을 건너 개간하고 있는 조선인을 발견하고는 이들을 청국에 편입시키겠다고 조선정부에 알렸다. 이에 조선정부는 그럴 바에는 이들을 귀환시키겠다고 회답하였다.

그런 중에 1883년 함경도에서 국경무역 협정을 맺기 위해 지역을 조사하고 있던 서북경략사 어윤중魚允中에게 종성, 회령, 무산 주민들이 청원서를 올렸다. 주민들은 백두산정계비의 '동위토문서위압록東爲土門西爲鴨綠' 구절을 환기하면서 자신들이 개간한 간도지방이 조선영토임을 주장하였다. 어윤중은 관리를 보내 조사한 다음 청국에 간도문제를 공식 제기할 것을 정부에 요구했다.

간도문제가 제기되자 주민 귀환 문제는 양국 간 논의과정에서 일단 유보되었다. 1885년 을유감계乙酉勘界와 1887년 정해감계丁亥勘界 두 차례의 영토협상이 열렸다.

어윤중(1848~1896)　　　　이중하(1846~1917)

〈그림 2〉 서북경략사 어윤중과 토문감계사 이중하

예비회담, 두만강 수원水源과 백두산정계비 조사, 최종 협상 등을 반복해 거쳤다. 을유감계에서는 조선 측 협상대표인 감계사 이중하李重夏는 정계비를 근거로 해란강-분계강을 경계로 할 것을 주장했다.

그러나 청국은 이는 고사하고 백두산을 자신들의 발상지라는 전제하에 백두산 아래 소백산에서 발원하는 물줄기를 경계로 할 것을 주장했다. 결국 결렬되었다. 이후 조선 주재 청국 총리 위안스카이袁世凱와 외아문 독판 김윤식金允植간에 협의가 이루어져 이른바 '차지안민借地安民' 주장이 등장하기

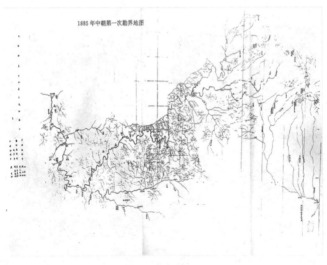

〈그림 3〉 1885년 을유감계 지도

도 하였다. 즉, 간도를 청국 땅임을 인정하고 대신 그 땅을 빌려 그 거주민들을 조선 지방관이 관할한다는 안이었다. 그러나 청국의 총리각국사무아문은 이를 거절하고, 영토문제에 관한 강경한 방침을 견지하였다. 다시 열린 정해감계에서 조선은 후퇴하여 두만강이 양국 경계임을 인정하였다. 다만 두만강 물줄기 최상류인 홍토수를 경계로 할 것을 주장하였다. 청국은 그 아래인 석을수를 경계로 할 것을 주장하였다. 청국의 주장은 백두산을 조선 측 영토에서 완전히 배제시키는 안이었다. 결국 양국 협상 대표는 두만강 하류에서 무산까지는 두만강을 경계로 하고 그곳부터 백두산까지의 경계는 미정임을 확인하는 데 그쳤다. 역시 합의문 작

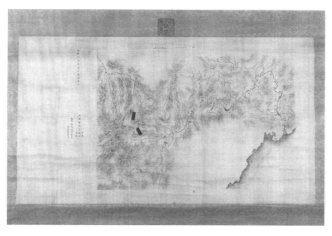

〈그림 4〉 1887년 정해감계 지도

성에 이르지는 못한 것이다.

　청국은 1890년에 이르러 경계문제가 사실상 마무리되었다면서 조선 유민들에게 이른바 '치발역복薙髮易服'을 강요하고 호구조사와 토지조사를 통해 청 국적國籍에 편입시키고 세금을 받는 등 자국에 완전히 편입시켰다. 조선정부의 반발이 있었지만, 이로써 청국은 간도문제 제기로 다소 주춤했던 유민문제를 당초 자신들의 구상대로 정리할 수 있었다.

　이처럼 1880년대 조선정부가 간도문제를 먼저 제기하였지만, 당시 청국 주도의 조공질서 아래에 있던 조선으로서는 간도문제에 대해 끝까지 주장할 수 없었다. 그리고 간도문제의 발단이었던 주민 보호문제에서도 조선 지방관이 어

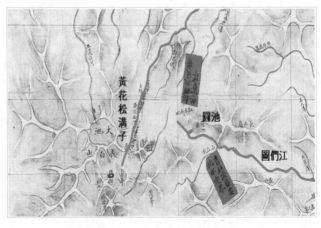

〈그림 5〉 1887년 정해감계 부분상세도

떤 영향력도 행사하지 못한 가운데 청국의 입맛대로 정리되고 말았던 것이다.

그러나 청일전쟁과 대한제국의 출범 이후 간도문제는 다시 요동쳤다. 자주, 독립의식이 고조되는 분위기에서 1899년 양국이 한청통상조약 체결 협상이 발단이었다. 청국이 후일 육로통상조약 협상 때 영토문제를 논의할 것을 주장함에 따라 결국 양국은 주민들이 편안히 살 수 있도록 합의하는 데 그쳤다. 이 과정에서 함경도 지식인들과 언론을 중심으로 다시 영토문제와 주민문제가 재론될 수 있었다.

또 다른 계기는 의화단義和團사건이었다. 의화단 진압을 빌미로 러시아가 수십만의 군대를 동원해 만주를 침략함에 따라 이 지역은 청국의 행정력과 군사력에 공백이 생기고 이른바 '청비淸匪'가 등장하여 조선인들을 약탈하였다. 대한제국은 변경방위를 위해 진위대를 설치하고 지방 단위의 포군을 동원해 방비하였다. 간도의 조선인들이 정부에 그 보호를 호소하자, 대한제국은 변계경무서를 설치하여 주민보호에 나섰다. 이와 별도로 시찰사, 관리사를 파견하고 호구조사를 단행하여 대한제국의 호적에 편입하였다. 함경도 지식인들과 언론에서는 주민보호를 위한 근본적인 해결책, 즉 영토문제의 해결을 강하게 주장하였다. 또 청국의 군사력 부재를 감안하여 군사적 대응조치로 진위대의 순찰, 사포대의 설치 승인을 정부에 요구하였다.

두만강지역에서 양국의 무력 충돌은 일상화되었다. 1903
년 말 관리사 이범윤이 간도 주민들을 결속하여 사포대를
결성하고 청국 단련과 지방군의 충돌을 불사하면서 위기가
고조되었다. 대한제국은 간도 주민 보호를 위해, 청국은 이
범윤 세력의 철수를 위해 미뤄두었던 영토문제를 협상해야
한다는 생각을 가졌다. 그러나 러일전쟁이 발발하고 일본
이 개입하면서 이 협상은 이루어지지 않았다. 단지 지방관
들 사이에서 군사적 충돌 억제를 위한 합의가 이루어지는
데 그쳤다.

1905년 을사조약 체결로 한국의 외교권을 빼앗은 일본은

〈그림 6〉 1903년 내부 지방국장 우용정이 정부에 제출한 간도문제 의견서에
대한 ≪황성신문≫의 보도

1907년 이곳에 간도파출소를 설치하고, 그동안 대한제국의 간도문제에 대한 입장을 수용하여 청국과 협상에 나섰다. 그러나 일본은 자신들의 만주문제 해결 수단으로 간도문제를 처리한다는 입장으로 전환하고 1909년 청국과 간도협약을 체결하였다. 그 내용은 영토문제에서는 청국의 요구대로 하고(정해감계 당시의 석을수 경계), 주민문제에서는 한인들이 청국의 법적 통치하에 귀속시키는 것이었다. 이로써 간도문제는 일단락되었다.

조선과 청국이 협상 테이블에 앉아서 논의한 것은 1885년, 1887년 두만강 연안에서의 두 차례의 감계였다. 청국과 일본의 협상은 1907년부터 1909년까지 북경에서 이루어졌다. 간도문제를 협상테이블을 따라다니기만 한다면 영토문제만이 전면에 부각될 뿐이다. 실제로 주민문제는 두 차례의 감계에서 논의되지 않았고 간도협약 체결과정에서는 후반부에 논의되었을 뿐이다. 주민문제로 발단이 되어 영토문제로 이어졌고, 협상을 했지만 합의되지는 못했다. 1890년 청국은 일방적으로 주민문제를 처리했다. 대한제국기들어 의화단사건을 계기로 주민문제가 전면에 부각되었지만 결국 해결하지 못하였고, 일본은 자신들의 만주정책 추진 과정에서 두 문제를 한꺼번에 처리하였다.

4. 영토문제에 대한 다양한 견해

이 시기 간도 영토문제에 대한 견해는 단일하지 않았다. 어윤중이 간도문제를 제기한 다음 감계사로 파견된 이중하는 을유감계 직후 어윤중을 강하게 비판하였다. 을유감계에서 답사를 하고 관련 문서를 조사해보니 어윤중의 주장에 많은 오류가 있다는 것이었다. 이러한 의문은 외아문 독판 김윤식도 가졌고, 조선정부가 정해감계에서 두만강 경계론을 수용하게 된 배경이 되었다.

1898년 함경도 지식인 오삼갑吳三甲의 상소는 대한제국기에 간도문제가 재론되는 데 커다란 영향을 미쳤다. 그러나 당시 외부外部에서는 앞서 두 차례 감계 결과 두만강이 국경선임을 확인했다며 영토문제 논의를 거부했다. 반면, 내부의 지시로 이루어진 함경북도관찰부가 조사 보고는 송화강 경계설을 견지할 정도였다. 1900년 의화단 사건 직후 변계경무서 설치를 앞두고는 외부 내에서조차 이견이 있었다. 외부대신과 외부 교섭국장의 의견이 달랐다. 대한제국기에는 백두산정계비를 근거로 토문≠두만임을 주장하는 논자들 사이에서도 해란강 경계를 주장하는 논자와 송화강−흑룡강 경계를 주장하는 논자들이 있었다.

이처럼 조선, 대한제국의 간도문제에 대한 견해가 단일

하지 않았음을 알 수 있다. 정리하면, 정부와 민간의 입장 차이, 정부 내에서도 내부와 외부의 차이, 심지어 외부 내에서도 차이가 있었다. 또 민간에서도 구체적인 국경선에 대한 이견이 있었다. 이러한 차이는 조선, 대한제국의 외교, 국방정책에 대한 현실적 판단이 상이했기 때문이다.

러일전쟁이 종결되자 일진회가 본격적으로 간도문제에 개입하였다. 그들은 이곳에 일진회원을 이주시켜 독자적인 왕국을 건설할 수 있다는 꿈을 꾸었다. 여기에 일본의 대륙 낭인들도 관여하였다. 일진회는 러일전쟁 이후 가장 강력하게 간도문제를 주창한 집단이었다. 이들의 논리와 가장 가까

〈그림 7〉 대청국지도(길림성, 1908)

* 간도협약 직전 청국의 국경선 인식을 보여줌. 백두산에서 한참 남쪽으로 내려와 국경선을 긋고 있다.

웠던 곳은 통감부파출소와 일본 군부였다. 간도를 거점으로 만주정책을 추진할 수 있을 것이라는 생각 때문이었다. 이 시기 가장 반일적인 논조를 보였던 ≪대한매일신보≫에서는 초기와 달리 간도가 한국 영토인지 의문이라고 하였다. 일본의 간도정책 추진배경에 대한 의심 때문이었다.

이처럼 간도문제에 대해 대한제국에는 다양한 견해들이 존재하였다. 주로 영토문제에 대한 이견이었지만 근거로 삼은 것은 과거 역사와 유민들의 거주 상황, 지리적 조건이었고, 결정적인 근거는 백두산정계비였다. 그런데 정계비를 세울 당시 양국 협상 대표가 염두에 둔 국경선은 두만강이었지만, 정계비는 두만강으로 이어지지 않고 송화강으로 흐르는 물줄기에 세워졌던 것이다. 다양한 견해는 불가피하였다. 이러한 흐름은 오늘날까지도 이어지고 있다고 하겠다.

영토문제에 대한 이견에 비해 주민문제에 대한 이견은 내부적으로 부각된 적이 없었다. 간도 거주 한인들의 정체성은 분명하였고, 청국인들보다 압도적인 수를 차지하고 있었다. 영토문제가 해결되면 자연스레 정리될 수 있는 사안으로 보았기 때문이다.

5. 간도문제와 영토민족주의

1900년 의화단사건 이후 대한제국은 간도정책을 본격 추진하였다. 청국이 육로통상조약 논의를 거부하자 독자적인 주민보호책을 강구하였다. 변계경무서 설치와 관리사 이범윤과 서상무徐相懋의 파견이 그 예이다. 이들은 간도거주 한인들의 호구를 조사하고 이를 바탕으로 과세하였다. 특히 이범윤은 1903년 말 일부 지역명을 한국식으로 바꾸고 간도 거주 한인들을 대상으로 자체 방어를 위한 사포대를 조직하여 청국 지방군 및 단련과의 무력충돌을 불사하였다. 이범윤의 배후에는 내부, 원수부 그리고 고종의 지원이 있었다. 특히 이용익은 함경도 출신으로 이 문제에 깊숙이 개입하였다.

적극적인 간도정책 추진에 이론적 기반을 제공한 것은 함경도 경원 출신의 김노규金魯奎가 지은 『북여요선北輿要選』이었다. 이 책은 간도문제를 해결하는 것이 조선왕조의 발상지를 되찾는 것이라고 주장하고 대한제국 시기 간도문제를 이해하는 전범典範이 되었다. 이성계의 할아버지 목조穆祖가 활동했던 간도지역, 그리고 그곳 거주 주민들이 청국으로부터 수탈당하고 있는 현실을 강하게 제기하고, 영토의 수복과 주민의 관할을 강조하였다. 그는 함경북도지역 유림을 대표하는 지식인 중의 한 사람으로 다수의 제자들과 함께 정부의 지원을 받아 이를 간행할 수 있었다.

또 주목되는 인물은 장지연의 『대한강역고大韓疆域考』이다. 그는 ≪황성신문≫에 압록강, 두만강지역 변경의 역사를 연재하여 러일전쟁 직전 한국의 위기가 북방, 만주, 중국에서 왔음을 역사적 실례를 들어 환기하였다. 『대한강역고』에 정리된 간도문제 인식은 『북여요선』의 주장을 다수 수용하였다. 학회운동이 활발해지고, 근대 민족주의적 자각이 대두되면서 1907년에 나온 대한제국 전도全圖에는 간도를 함경북도의 일부로 그리기도 하였다. 1909년 『증보문헌비고』에 담긴 간도문제 인식은 조선, 대한제국의 적극적인 간도정

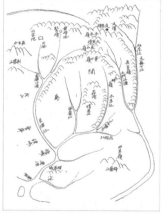

〈그림 8〉 장지연 대한강역고의 '북간도도'와 일진회의 청원문에 보이는 간도 지도

책을 망라하는 것이었다.

이 시기 간도문제의 확산에는 언론의 역할이 지대하였다. 이들은 영토문제에 대한 관심 외에도 주민문제를 간도문제에 관심을 촉구하는 매개로 삼았다. '부당한 피해를 입고 있는 한인'을 생생하게 묘사하여 그들의 삶에 관심을 촉구하였다. 그들도 '대한大韓의 적자赤子'였고, 생존을 위해 잠시 이주해 있는, 결코 방기될 수 없는 존재로 그렸다. 이들을 모른 체 하는 것은 부끄러운 일이었고, 그들에 대한 파악과 보호는 문명국가가 수행해야 할 사명으로 설명했다. 또 대한제국이 아니라, 청국 혹은 러시아에 의탁하려는 일부 간도 한인들에게는 비난을 하기도 하였다. 또 언론은 과거 역사를 환기하며, 윤관의 선춘령비, 김종서의 6진 개발, 백두산정계비 설치 과정, 두 차례의 감계협상에서 청국이 보인 강압적인 태도를 거론하였다. 또 간도문제의 역사에 담긴 부담과 아쉬움을 상기시켰다. 또 간도가 조선왕조의 발상지임을 주장하면서도, 그것이 지닌 경제적, 국제적 가치에도 주목하였다. 또 일부 지식인들은 과거 역사를 매개로 간도문제를 식민지 개척이라는 시각에서 접근하기도 하였다.

이처럼 대한제국기 간도정책 추진에는 정부관료, 현지 지식인, 언론이 함께 움직였다. 간도를 회복하고 그곳의 주민을 보호하는 것이 바로 대한제국의 정체성을 유지하는 징표로 받아들인 결과였다. 언론을 통해 광범위하게 유통된 간도담론은 근대 한국의 영토민족주의의 원형이었다.

대한제국의 간도정책을 가장 열성적으로 계승하려 했던 곳은 바로 일진회였다. 이들은 일본의 대륙 낭인과 연계되어 하나의 왕국을 건설하려 했다. 후일 일제는 만주정책 추진과정에 언제나 간도를 활용하였다. 이처럼 간도문제가 제국주의적 침략논리와 먼 곳에 있지 않았던 점도 결코 무시해서는 안 된다.

6. 간도문제와 함경도

대한제국기 변경은 간도문제를 매개로 서울을 향하거나 혹은 외국(청국과 러시아)을 향하여 구심력과 원심력이 함께 작동하고 있었다. 변경은 대한제국의 대외적 입구이자 출구이기 때문이다. 간도정책의 중심은 서울이었지만, 충돌과 타협이 이루어진 공간은 변경이었다.

압록강, 두만강 연안지역에는 '청비'로 불린 청국의 마적, 의화단, 청국 패잔병, 지방의 단련 등에 의한 위협이 상존하였다. 변경민들이 느끼는 위기는 서울에서 느끼는 국제정치적 맥락, 혹은 영토관념이 아니라 바로 이 '청비'의 존재였다. 특히 의화단 사건 이후 대한제국의 지방군 및 포군들과, '청비'와의 충돌이 일상적으로 이루어졌다. 청국 행정력의 부재가 한 이유였지만, 양국이 육로통상조약을 체결하지 못하여 어떠한 협의 구조도 마련하지 못한 것이 결정적이었다. 청국은 대한제국과 육로통상조약을 체결할 경우거주 한인들에 대한 관리권을 한국에 넘겨줄지도 모른다는두려움을 갖고 있었다. 결국 러일전쟁이 발발하자 양국 지방관은 전통적인 방식의 복원을 통해 타협하였다.

간도문제는 그동안 소외되어 왔던 함경도의 지역적 기반을 강화시킬 수 있는 소재였다. 청일전쟁과 의화단사건을거치면서 함경도에서 변경의 위기는 국경선의 위기와 함께변경민의 삶을 악화시켰다. 이 지역 지식인들은 중앙정부에 대해 변경 위기가 어떤 의미가 있는지를 계속 물었고, 그에 답을 주고 정책적 실천을 요구했다. 조선 개국 이래, 특히 조선후기 중앙으로부터 소외된 현실에 대한 몸부림이기도 했다. 이를 위해 고려의 윤관이나, 조선의 세종과 김종서, 폐사군 복설을 주장했던 남구만 등이 거론하였고, 또조선왕조의 발상지로서 주목하였다.

함경도 지식인들은 주민보호, 관리 파견, 경계문제 해결등을 정부에 요구하며 빠르게 결속하였다. 『북여요선』을 집필한 김노규와 그 제자들, 간도문제 해결에 전면에 났던 이용익 등은 간도문제 해결 과정에서 함경도의 지역적 가치를 더욱 부각시켰다. 이 지역과 무관한 일부 고위관료들도 지역 인사들과 연계하여 간도문제를 거론하였다. 김노규에게 접근한 윤택영尹澤榮이 그러한 예였다. 후일 간도와 연해주지역은 망국의 위기 속에 왕실을 옮겨 일본에 맞설 근거지로 이해되기도 하였다.

이처럼 간도문제는 함경도 지식인들을 중심으로 중앙 정부를 향한 이른바 '인정투쟁'의 성격이었다. 조선 초기를 제외하면 함경도지역의 가치가 이때보다 중요해진 적이 없었다. 이러한 인정투쟁에는 간도정책 추진에 함경도의 여론을 우호적으로 조성하려는 중앙정부의 동원방침과도 상호작용하고 있었다.

7. 국제사회와 간도문제

간도문제는 양국문제만이 아니라 국제문제이기도 했다. 때문에 간도문제 해결의 수단으로 국제사회를 주목하였다. 또 러시아와 일본은 차례로 개입하여 자신들의 만주와 한반도 정책 속에서 접근하였다.

대한제국에 들어 간도문제에 대한 첫 보고자는 1897년 함경북도관찰사 조존우趙存禹였다. 그는 간도문제를 국제법 (만국공법)에 의거하여 해결해야 하지만, 양국 간 협상을 넘어 서울 주재 각국 외교관과 함께 협의할 것을 주장하였다. 이러한 태도는 이 시기 많은 청원문과 상소문에서도 확인할 수 있다. 의화단 사건으로 러시아가 간도지역을 장악하자, 러시아와 협상하여 간도문제를 해결하자는 입장도 등장하였다. 통감부파출소 설치 이후 일본을 통해 해결하려던 일진회의 입장과도 이어지는 견해라 하겠다. 간도문제를 가능한 국제적 맥락에서 접근하려는 움직임은 그 만큼 대한제국 독자적으로는 이를 해결하는 데 어려움이 있다는 판단 때문이었다.

러시아는 의화단 사건 이후 이 문제에 관심을 보였다. 러시아는 압록강, 두만강을 경계로 한 현재의 국경선을 지키는 데 주력하였다. 일본이 간도문제를 매개로 러시아가 장악하고 있는 만주를 문제 삼거나, 한청 국경에서 양국이 충돌이 생길 경우 이를 빙자해 일본이 한국을 장악할지도 모른다고 생각하였다. 러시아 공사 파블로프는 1901년 대한제국과 청국이 각각의 관리가 간도 거주 자국민을 관할하는 안을 양국에 제시하기도 하였다. 이는 청국에 의해 거절되었다. 러일전쟁에서 패배한 이후에는 일본이 간도문제를 빌미로 연해주의 안전을 위협할 가능성을 염두에 두고 일본의 간도정책을 강하게 비판하였다.

일본이 간도문제에 관심을 기울인 것은 두만강 하구 녹둔도 때문이었다. 러시아의 남하를 의식한 일본은 1880년대 녹둔도를 조사하였고, 그 후 간도문제에 대한 관심까지 이어졌다. 의화단사건 때에 첫 보고서가 나왔지만 대체로 간도문제에 대한 정책적 관심은 부재하였다. 본격적인 관심은 역시 러일전쟁이 종결된 직후였다. 일본은 군부를 중심으로 만주정책, 좁게는 대러시아방어를 위해 간도지역의 전략적 가치에 주목하였다. 그 이후 청국과의 협상과정에서 만주의 여러 이권을 담은 '동삼성 6안'의 해결 수단으로 간도문제를 처리하여 간도협약을 체결하였다.

이처럼 국경선 변동의 가능성이 담긴 영토문제로서의 간도문제는 국제적 맥락을 가졌다. 대한제국이 간도문제를 해결하기 위해 국제사회에 주목한 것이나, 1909년 청국이 일본과의 협상 돌파구로 국제재판소에 간도문제를 부의할 것을 제의한 것에서 알 수 있듯이 국제사회에의 제기는 사안의 상대적 약자가 풀어나가는 수단이기도 했다. 그러나 정작 국제사회는 자신들의 이해에 비추어 이를 접근하였다.

8. 간도문제의 현재

간도협약은 을사조약 체결에 따라 한국이 외교권을 상실한 채 청국과 일본 간에 맺어진 조약이다. 을사조약의 불법성과 연관되어 그 정당성이 한국인들에게 부정되어 왔다. 특히 2009년 '간도협약 100년'을 기점으로 간도협약의 불법성은 더욱 주목받았다. 그리고 중국의 동북공정과 맞물려 그 어느 때보다 간도문제에 대한 관심은 폭발적이었다. 그런데 여기서 말하는 간도문제는 영토문제뿐이었고, 그 어디에도 주민문제, 즉 연변조선족의 삶에 대한 이해는 뚜렷하지 않았다.

간도협약의 석을수 경계는 1887년 정해감계에서 청국이 주장한 안이었다. 정해감계에서 조선이 주장해 온 홍토수 경계론은 1962년 조·중변계조약에서 실현되었다. 현실적으로 간도문제는 현대 한국과 중국의 문제가 아니다. 있다면 북한과 중국 사이의 문제이다. 통일한국이 북한의 제반 국제조약을 어떻게 처리할 것인지는 통일과정과 연계되어 있을 것이다.

오늘날 간도문제는 과거와 다르다. 한국인들의 간도문제에 대한 관심에는 민족주의적 열망을 품고 대륙을 향한 염원이 담겨 있다. 이 열망이 과연 오늘날 평화와 연대를 지향하는 국제관계에서 어떤 방식으로 작동해 자리 잡을 수 있을지는 의문이다.

아래 글은 현재 한국인의 심성과도 너무나도 일치하는, 만선사관을 제창한 식민사학자의 연설이다.

조선이 막다른 곳에 이른 방면을 타개하기 위해서는 만주를 이용할 수밖에 없습니다. 조선과 같이 너무 고정되어 있는 사회에서 국면을 타개하기 위해서는 지리적으로도 경제적으로 만주를 이해하여 이를 이용하는 것이 가장 필요한 일이 아닐까 생각합니다. 이러한 사상을 일반인에게 선도하기 위해서는 앞에서 말한 바와 같이, 고구려와 백제 신라는 저 옛날에는 다른 나라였지만 모두 동일 민족이며 단군의 자손이라고 생각하고, 동시에 만주도 우리 영토의 하나였다고 하는 큰 생각을 갖는 일이 필요할 것이라고 생각합니다. 이를 시정하여 개발하고 올바른 역사 해석을 내리는 일이 필요하다고 생각하므로 반복하여 말씀드렸습니다. 우리 접경지에 이러한 부동적인 사회상태가 있습니다. 더구나 그 토지가 비유할 수 없이 천혜의 혜택을 받고 있으므로 우리들은 이 방면을 개척함으로써 새로운 국면을 찾지 않으면 안됩니다. 일찍이 함경도를 개척한 윤관과 같이, 북변에 전념한 고려 태조 왕건과 같이 이조의 태조와 같이 어디까지나 이 방면을 개통하여 민족의 발전을 꾀할 필요가 있다고 생각합니다. 이상 내가 평소 주창하고 있는 선만일가鮮滿一家의 요지는 모두 했다고 생각합니다만, 요컨대 조선인은 전통적이라고 생각해 오던 신라 본위의 역사관을 포기하고 삼국일체의 본연으로 돌아서야 합니다.[1]

물론 만주와 한반도를 연계하여 이해하려는 관점은 새로운 것은 아니었다. 1897년 이후 중국의 과분 위기, 1900년 의화단사건을 계기로 한반도에 미칠 파장을 염려하던 당시 언론의 일반적인 논조였다. 이 글들은 만주와 한반도의 상호관계의 역사에 주목하며 한국의 위기라는 점에 초점을 두었다. 그러면서 당장의 정책으로 만주로 나아가지는 못하지만 그곳에 있는 한인들에 대한 보호만이라도 제대로 해야 함을 역설했다. 위 연설은 1931년 만주사변 직전에 이루어진 것으로 조선의 국면타개용으로 만주를 이용하고, 만선관계의 역사 연구를 강조하고 있다.

'21세기의 만선사'가 침략사로 점철된 20세기의 만선사와 어떤 차이를 가질 수 있는 것인지 아직까지는 유보적이다. 분단 상황이 이를 더욱 어렵게 만드는 것은 분명하다. 다만, 오늘날 사람과 물류의 이동이라는 관점, 지역사로서의 변경의 역사라는 관점, 그리고 그곳에 거주하는 사람들

---

1) 稻葉岩吉, 「조선의 영토문제, 민족 문제 및 鮮滿문화의 관계에 대하여」, 1927년 8월 연설.

의 관점에서 접근하려는 움직임은 뚜렷하다. 새로운 문법에서 간도문제, 더 나아가 한반도와 만주의 관계에 대한 이해가 필요한 때이다. 간도문제는 새로운 북방관계사, 만주와 한반도의 관계사가 새롭게 쓰여지는 단초가 될 수 있을 것이다.

더 읽어볼 책들

· 강석화, 『조선후기 함경도와 북방영토의식』, 경세원, 2000.

조선후기 함경도지역의 경제적 성장과 사회상의 변화를 규명하고, 19세기 후반의 국경분쟁의 과정에 대해 고찰한 연구서이다. 저자는 1712년(숙종 38)에 이루어진 백두산정계의 전말과 이에 따른 정부 주도하의 북변개발 노력을 살펴보고, 아울러 당시 높아지고 있던 북방영토에 대한 관심을 주제별로 상세히 정리하였다.

· 임지현 편, 『근대의 국경 역사의 변경』, 휴머니스트, 2004.

웨일스, 리투아니아, 대만, 일본, 오스트레일리아 등 6개국에서 '변경사(border history)'를 전공하는 학자들이 참여해 근대의 국경이 아닌 '역사의 변경'에 대한 새로운 이해의 시각을 제시하고 있는 책이다. 연구자들은 근대국가의 이름 아래 인위적으로 그어진 국경에서 벗어나, 여러 민족의 다양한 문화가 서로 갈등·혼합·충돌·통합되면서 역동성을 지닌 독자적인 역사공간으로 발전해 온 변경으로 시선을 옮겨 과거 이해에 적용되는 새로운 시공간적 틀을 제안하고 있다.

· 이성환, 『간도는 누구의 땅인가』, 살림출판사, 2004.

감상적 민족주의가 아닌 객관적 사실을 기초로 간도 영유권 문제를 살펴본 책이다. 1909년 일본과 중국이 맺은 '간도협약'으로 지금은 전부 중국의 땅으로 된 간도가 어떻게 영토분쟁의 중심이 되었는지, 역사적 자료를 통해 꼼꼼히 분석하였다. 아울러 간도 역시 우리가 생각해야 할 중요한 영토문제임을 주장하며, 그 문제의 해결 방안을 모색해 본다.

- 동북아역사재단 편,『만주 그 땅, 사람 그리고 역사』, 동북아역사재단, 2005.

만주가 갖고 있는 독특한 역사적·지정학적·문화적 역할과 위상, 한반도와의 상관성 등을 살펴봄으로써, 만주라는 땅의 역사와 지정학적 특성, 그리고 그 위상을 새롭게 조명한 책이다. 국내외 14명의 학자가 참여하여 만주에 살았던 사람들과 그 이야기를 생생하게 전달하고 있다.

- 이화자,『한중국경사 연구』, 혜안, 2011.

한·중 양국의 국경선 변화의 역사적 연원과 과정을 사료에 의거해 객관적으로 분석하고자 노력한 연구서이다. 국경문제에 관한 내용 외에도 명청시기 한중관계사에 관한 3편의 글도 담았다.

독도의 이해
: 일본의 독도영유권 주장과 허구

곽진오

전남 함평에서 태어나 국민대학교 국사학과를 중퇴하고 일본 주오대학(中央大學) 법학부 졸업, 영국 리즈 대학원에서 정치학석사와 헐 대학원에서 정치학 박사학위를 받았다. 세종연구소 객원연구위원, 통일연구원 초빙연구원, 고려대학교 연구교수 및 국민대학교, 고려대학교, 연세대학교, 육군사관학교, 육군대학 등의 강사를 거쳐 현재 동북아역사재단 연구위원으로 재직중이다. 『독도와 한일관계: 법 역사적 접근』(공저, 2009), 『세계화와 동아시아 민족주의』(곽진오 외, 2010), 『한일 간 독도·죽도 논쟁의 실체』(역서, 2010), 『세계제국: 미국』(역서, 2014) 등 다수의 저·역서와 그리고 50여 편의 논문이 있다.

독도의 이해[*]

: 일본의 독도영유권 주장과 허구

1. 서론

일본이 '고노담화 검증'에 이어 '독도영유권 자료조사'를 실시할 예정이라고 한다. 이는 독도영토주권을 훼손시키는 일이며 한일양국 관계를 손상시키는 일로 심히 유감스러운 일이다. 독도는 논쟁의 여지가 없는 대한민국의 고유영토이다. 이는 다양한 역사적 사실과 한일양국의 공식문서에 의해 증명되고 있으며, 일본 스스로도 수차례에 걸쳐 독도

---

[*] 이 글에서는 독도(獨島), 울릉도(鬱陵島), 죽도(竹島), 송도(松島) 등의 명칭이 혼재되어 등장한다. 그리고 동일한 명칭이 중복 또는 반복을 되풀이하고 있다. 이는 독자들이 독도를 쉽게 이해하고 일본이 독도를 송도(松島, 마쓰시마)에서 이른바 죽도(竹島, 다케시마)로 언제부터 왜 부르게 되었는지에 대한 모순을 쉽게 설명하기 위해서임을 밝혀둔다.

[**] 이 글은 『한국일본문화학보』 62집 논문집에서 일부 발췌했음을 밝혀둔다.

가 일본의 소유가 아님을 인정한 역사적 선례가 있다. 일본은 이러한 부인할 수 없는 사실에도 불구하고, 부실한 근거를 가지고 독도영유권 주장을 계속해 오고 있다. 안타깝게도, 일본의 독도영유권 주장은 우리 국민들로 하여금 잔혹한 일제 식민통치의 아픈 기억들을 회상하게 한다. 또한 일본과 진정한 우호관계를 만들어 나아갈 수 있을지에 대해 자문하지 않을 수 없게 만들고 있다. 일본은 확립된 역사적 사실을 무시하고 왜곡하면서까지 독도에 대해 영유권 주장을 해 오고 있다. 일본의 이러한 행태는 우리 국민들로 하여금 과거 일본의 지도자와 정치인들이 행한 과거사 사죄 발언이 공허한 말장난이나 정치적 수사에 지나지 않았다는 것을 더욱 확신시켜 줄 뿐이다.

일본 문헌에 독도가 처음 등장한 시기는 17세기 일본어부들에 의한 기록이다. 먼저 17세기 초 호오키국(伯耆国, 현 돗토리현의 옛 이름) 요나고(米子, 돗토리현의 도시 이름) 초닌(町人)인 오오야 진키치(大谷甚吉, 이하 '오오야'로 칭함)와 무라카와 이치베이(村川市兵衛, 이하 '무라카와'로 칭함)가 막부로부터 죽도(울릉도)에의 도해 면허를 얻어 양가兩家는 매년 1회 교대로 동해에 도항해서 전복과 강치를 채취하는 사업을 했다. 이를 근거로 일본이 독도에 대해 고유 영토론을 주장하고 있는데, 문헌에는 1660년의 오오야와 무라카와 두 어부가문의 왕복서한에 "죽도 안의 松島(송도=마쓰시마, 1905년 2월 22일 시마네현 고시40호 이전 일본에서 부르던 독도이름), '竹島近邊松島'(1659), '竹島之內松島'(1660)"라고 기록되어 있다. 이는 독도가 울릉도의 부속도서이며, 일본 배들이 독도에 가기 위해 동해에 나간 게 아니라 울릉도에 가기 위해 독도(송도)를 지나갔음을 기록하고 있다. 다시 말해서 당시 일본 어부들은 독도를 울릉도의 부속 섬으로 알고 있었으며 동시에 이들이 독도에서 어업을 한 게 아니고 울릉도에서 어업을 했다. 그리고 17세기 중엽 일본 고문헌인 『은주시청합기隱州視聽合紀』(1667)에는 "그러한즉 일본의 북쪽 경계는 이주까지로 한다(然則日本之乾地以此州爲限矣, 일본의 서북쪽 한계를 오키 섬으로 한다)"[1]고 기록되어 있어 당시 일본이 울릉도·독도를 자국의 영토에서 제외하고 있었음을 알 수 있다. 이외에도 안용복의 1696년 일본 방문에 대해서, 오키隱岐[2]의 무라카미家 문서가 밝히고 있듯이(〈그림 1〉), 오키에서는 '조선팔도지도'를 보여주고, 강원도 안에 죽도와 송도, 즉 울릉도와 자산(우산)도가 있음을 주장했다. 두 섬이 함께 조선의 영토라고 하고, 그 사실을 일본의 관리에게 기록하게 한 것은 중요하다"[3]는 것이다.

---

1) 『은주시청합기(隱州視聽合紀)』, 1667; 『독도자료집』 III, 동북아역사재단, 2007, 6쪽.
2) 시마네 소속 서북부의 도서(島嶼).

〈그림 1〉 무라카미(村上)家 문서[4]

강원도에 "죽도와 송도가 있다(竹嶋松嶋有之)"고 기록되어 있다.

위의 기록이 설명해 주는 바와 같이 예로부터 '독도는 울릉도의 부속도서屬島'로 간주되었다.[5]

그러나 한국의 경우는 이보다 200년 앞선 1454년『세종실록지리지』를 비롯해 여러 문헌에서 울릉도와 독도가 한국의 영토임을 증명하고 있다. 한국의 문헌에는 강원도에

---

3) 内藤正中,『竹島=獨島問題入門日本外務省竹島批判』, 新幹社, 2008, 36쪽.

4) 1696년 재차 일본을 방문(일본 어부들에 의한 납치)한 안용복이 휴대했던 문서에서 보듯이 오키에서 〈조선팔도지도〉를 보여주고, 강원도 안에 죽도와 송도, 즉 울릉도와 자산(우산)도가 있음을 주장했다.

5) 그림 〈朝鮮之八道〉江原道 참조.

"于山·武陵二島 在縣正東海中 二島相去不遠 風日淸明則可望見"
이라고 씌어져 있다.6) 즉, 신라시대부터 알려져 있는 울릉
도鬱陵島와는 별도로 하나의 섬이 있고 맑게 갠 바람 부는 날
이면 서로 바라 볼 수 있다는 것이다. 이곳에는 독도가 우산
도로 돼 있다. 더 나아가 메이지정부가 1877년에 내린 「태
정관太政官지령문서」에도 "울릉도와 그 외 1개 섬인 독도竹島
는 일본과 관계없다는 것을 심득할 것(竹島外一島之義 本邦關係
無之義ト 可相心得事)"을 밝히고 있다. 이는 '울릉도쟁계(鬱陵島爭
界, 일본에서는 〈죽도일건竹島一件〉)'의 결론에 따라 1696년 일본
이 울릉도와 독도를 한국 영토로 인정한 결정이었다. 이를
뒷받침해 주는 최근 문서로는 1978년 6월 5일 일본중의원
상공위원회에 참고인 자격으로 출석해 독도가 역사적으로
한국의 영토임을 증언한 후모토 다다시麓多禎에 의하면, "실
은 도쿠카와 쓰나요시(德川綱吉, 1680~1709) 시대에는 쇄국정
책을 강화했지만 나중에 일단 포기했는데, 그 당시에는 '죽
도'가 일본 영토가 아니라고 생각했습니다. 그 후의 메이지
정부 역시 이런 도쿠카와 쓰나요시 시대의 생각을 계승했
습니다"7)를 보더라도 독도가 역사적으로 한국의 영토임을
알 수 있다. 그러나 일본은 러일전쟁이 일어나자 독도가 전

---

6) 『世宗實錄地理志』, 1454.

7) 동북아역사재단, 『일본국회 독도관련 기록모음집』 2부, 2008, 493쪽.

략적으로 중요함을 인지하고 내무성의 반대에도 불구하고 1905년 2월 22일 시마네현에 강제 편입하게 된다.

2. 독도의 명칭과 일본의 독도 편입

오늘날 한국인들과 일본인들은 이 섬을 각각 '독도獨島'와 '다케시마竹島'라 부른다. 그러나 이 명칭들이 채택되기 전에는 다양한 이름들이 독도를 호칭하는 데 사용되었다. 독도는 예로부터 한국에서 우산도于山島, 가지도可支島, 석도石島 등으로 불리어 왔다(한국어에서 접미어 '도島'는 섬을 의미). 그러나 이러한 이름 중에서도 우산도가 가장 흔히 사용되는 이름이었고, 19세기 후반이 되면서 석도와 독도가 광범위하게 쓰이기 시작했다. 석도와 독도는 '독섬'의 한문표기이며, 독섬은 울릉도 방언으로 바위섬을 의미한다. 즉, '독섬'이 그 의미(뜻)에 따라 한문으로 옮겨졌을 때, '석도石島'라고 표기되는 것이며, 발음에 따라 한문으로 옮겨졌을 때, '독도'라고 표기되었다.

한편 일본은 1905년 독도를 '다케시마'라고 부르기 시작하였다. 일본은 17세기 이후 독도를 마쓰시마松島로 부르다가, 19세기 말 이후에는 리양꼬도リヤンコ島, 랑코도ランコ島, 다

케시마竹島 등으로 불렀다. 특히, 주목을 끄는 점은 일본이 독도를 마쓰시마松島로, 울릉도를 다케시마竹島로 불러오다, 20세기 초부터 갑자기 독도를 다케시마로 울릉도를 마쓰시마로 변경하여 부르기 시작했다는 것이다. 앞에서도 언급했던 『은주시청합기』에 독도와 울릉도는 각각 마쓰시마(송도)와 다케시마(죽도)로 표기되어 있다. 그때부터 독도를 지칭하는 일본 이름은 마쓰시마였다. 그리고 19세기 후반 경부터 일본에서는 독도를 리양꼬(또는 랑코)라는 이름도 썼였는데, 이는 서양 세계에서 처음으로 독도를 발견(1849)한 프랑스 포경선 리앙쿠르호의 일본식 표기이다. 당시 독도를 목격한 프랑스인들은 배의 이름(Liancourt)을 따서 독도를 '리앙쿠르 암(Liancourt Rocks)'이라 명명했다. 그 후 리앙쿠르 암은 서양인들이 독도를 부를 때 널리 사용하는 이름이 되었다. 그리고 1905년부터, 일본인들은 독도를 현재 이름인 다케시마로 부르고 있으며, 이는 '대나무 섬'을 의미한다. 공식 비공식을 막론하고 대부분의 일본 측 자료는 바위 투성이 섬 독도가 왜 대나무 섬으로 불리게 되었는지에 대해 설득력 있는 설명을 하지 못하고 있다.

한편 110여 년 전 일본이 독도에 대해 관심을 갖게 된 시기는 1904년 러일전쟁을 대비해서였다. 당시 울릉도에 망루를 설치하고 러시아 군함의 동해 항해를 감시했다. 이러는 과정에서 독도가 장차 전략적으로 중요한 섬이라는 것을 인식하고 1905년 2월 22일 독도의 자국 영토 편입을 선언하는 「시마네현 고시告示」 40호를 행하게 된다. 고시에서 독도의 명칭을 이전의 이름이었던 송도松島에서 지금의 이름인 죽도竹島로 개칭한다. 이는 1899년 일본수로부에서 발간된 『조선수로지』의 영향 때문이었다.[8] 또한 일본의 독도 침탈 과정을 정당화하기 위해 우리나라에 자주 하는 질문 중에는, "첫째, '석도'가 오늘날의 다케시마(독도)라면, 왜 칙령(1900년 대한제국칙령 41호)에서 '독도'라는 이름을 사용하지 않았는가와 둘째, 나아가 '독도'라는 호칭은 언제부터 어떻게 사용하게 되었는가라는 의문이 생깁니다. 만일 이 의문이 해소된다 하더라도, 이 칙령의 공포를 전후해 조선이 다케시마를 실효적으로 지배했던 사실이 없어 한국에 의한 다케시마 영유권은 확립되지 않았다고 생각됩니다"[9]이다. 일본의 이러한 주장은 1904년 9월 일본군함 신고호新高號의 행동일지를 보더라도 간단히 부정할 수 있다. 그러나 한국이 '독도'라는 명칭을 언제부터 사용했는지에 대해서는 명확하지 않으나 일본이 독도 강제 편입 시기인 1905년 2월 22일보다는 수개월 이전

---

8) 이 수로지는 조선 연안과 그 부속도서를 일괄해서 편찬했다. 그리고 제4권 조선동안(朝鮮東岸)에서 독도를 '리앙쿠르트 열암'으로 표기하고 울릉도와 함께 상세히 설명하여 일본해군에서도 독도를 한국의 영토로 인정하고 있음을 증명하고 있다.

9) 日本外務省 홈페이지(http://www.mofa.go.jp/mofaj/).

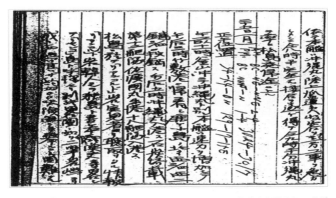

〈그림 2〉『軍艦新高号行動日誌』, 1904年 9月 25日, 日本防衛廳戰史部所藏[10]

인 1905년 9월 25일 신고호 행동일지(『軍艦新高号行動日誌』)를 통해 확인할 수 있다(〈그림 2〉).

또한 1905년 독도 편입 결정, 시마네현 고시 유효성에 대해 일본은 당시 어업인 나카이 요자부로中井養三郎의 어업관련 기록을 근거로 독도를 시마네현에 편입시켰다는 내용으로 일관하고 있다. "오늘날의 다케시마에서 강치 포획이 본격적으로 행해지게 된 것은 1900년대 초기였습니다. 그러나 곧 강치 어업이 가열 경쟁 상태가 되자 시마네현 오키 사람 나카이는 사업의 안정을 도모하기 위해 1904년(메이지 37)

---

10) 상기 그림에는 "마쓰시마(송도), 즉 리앙쿠르트 이와(岩 바위)를 한국인들은 독도라고 쓴다"로 기록되어 있다. 이 자료가 비록 일본 문헌이라 할지라고 한국은 독도라는 명칭을 「시마네현 고시」 40호 시행 이전부터 사용해 왔음을 알 수 있다.

9월 내무, 외무, 농상무의 세 대신에게 '리앙코 섬'의 영토 편입 및 10년간의 임대를 청원했습니다."11) 일본의 이러한 주장에 대해 나이토 세이추(內藤正中, 2012년 12월 타계) 일본 시마네대 명예교수는 생전에 한국 언론과의 인터뷰에서 "1905년 일본의 독도 편입에는 당시 외무성의 야마자 엔지로山座円次郎 정무국장, 농상무성의 마키 보쿠신牧朴眞 수산국장, 해군성의 기모쓰키 가네유키肝付兼行 수로부장 등 세 명이 중심 역할을 했다면서 당시 이들은 모두 독도가 한국 땅 이라는 사실을 모를 리 없었던 사람들"이라고 했다. 더 나아가 나이토 교수에 따르면 이들 세 명은 1904년 독도에서 강치 잡이를 하기 위해 한국 측에 대하원(貸下願, 독도이용청원)을 하려던 나카이의 '대하원' 신청을 독도 '영토 편입 및 대하원'으로 바꿔 일본 정부에 접수토록 하는 등 독도 영토 편입을 유도하는 데 주도적인 역할을 했다. 그 후 일본 정부는 나카이의 이 같은 신청서를 앞세워 1905년 1월 28일 각의 결정을 통해 독도를 일본 영토로 강제 편입했다"12)면서 일본 정부가 주장하는 독도 편입을 부정했다.

그러나 전후 일본은 동 고시를 독도 '무주지 선점론無主地先占論'에 바탕을 둔 영유권 주장과 독도에 대한 한국의 역사

---

11) 日本外務省 홈페이지(http://www.mofa.go.jp/mofaj/).
12) ≪연합뉴스≫, 2006.10.27.

적 권원을 부정하는 유력한 근거로 사용해 왔다. 하지만 기존의 주장에 모순이 생기는 것은 '고유영토설'이 등장하면서이다. 이에 대한 증거로는 1953년 7월 13일자와 1954년 2월 10일자의 두 번에 걸쳐 일본외무성이 한국에 보내온 구상서(정부문서)에 독도는 고대로부터 일본 영토의 불가분의 일부라며 기존의 '무주지 선점론'에 '고유영토설'을 혼합하였던 것이다. 일본은 이처럼 서로 양립할 수 없는 두 개의 논리를 억지로 결합시켜 놓고도 아직까지 이에 대한 납득할 만한 해명을 내놓지 못하고 있다.

3. 일본의 독도영유권 주장과 한계

일본이 영유권을 주장하는 독도가 마쓰시마에서 언제 그리고 왜 다케시마라는 이름으로 쓰이게 되었는지 궁금하다. 왜냐하면 일본은 전후 한국에 독도라는 명칭을 언제부터 사용했는지에 대해서 끊임없이 질문해 오고 있기 때문이다.[13] 독도 명칭이 처음 우리나라 공식 문서에 등장한 것은 1906년 울도鬱島군수 심흥택沈興澤이 강원도 관찰사 대리 이

---

13) 일본외무성 홈페이지 「다케시마 문제를 이해하기 위한 10 포인트」, 6-5~7번 참조. 日本外務省 홈페이지(http://www.mofa.go.jp/mofaj/).

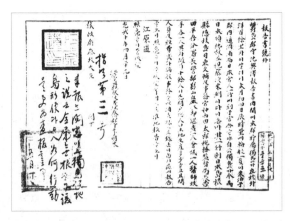

<그림 3> 이명래가 울도군수 심흥택의 보고서를 전재(轉載)하여 참정대신
박재순에게 보낸 보고서[14]

명래李明來에게 보낸 보고서이다(<그림 3>).

그러나 일본은 독도를 다케시마로 공식 표기한 기록이 1905년 2월 22일 「시마네현 고시」 40호이기에 한국 정부의 독도 기록보다는 1년 정도 빠르다는 입장이다. 다시 말해 일본이 독도를 기존의 마쓰시마에서 다케시마로 바꿔 부르게 된 계기에 대해서는 앞서 언급했지만 러일전쟁 중 지금의 독도가 전략적으로 중요하다는 판단 아래 '시국時局'의 논리를 내세워 다급한 나머지 울릉도의 일본식 이름을 붙여

---

14) 이 문서는 울도군수 심흥택이 보고서에서 '본국소속 독도가'라고 하여 독도가 자신의 통치지역임을 명백히 밝히고 있으며, 참정대신은 일본의 독도 영지설은 전혀 근거가 없는 것이라고 일본 주장에 항의하고 비판하였다.

'다케시마'라 부르게 되었다.

　이때 일본은 울릉도에 망루를 설치해 러시아해군의 움직임을 파악하는 한편 무인도였던 독도 역시 전략적으로 중요하다는 사실을 알고는 은밀히 일본 영토에 편입시키게 된다. 더 나아가 일본은 「시마네현 고시」 40호 이전에는 독도를 마쓰시마로 불렀던 기록들이 다수 존재한다. 특히 메이지 3년인 1870년 일본 정부는 세 명의 외무성관리를 조선에 파견해 독도가 어느 나라 영토인지를 조사하고 일본으로 돌아와 귀국보고서에 독도가 일본 영토가 아니라는 소견을 밝힌다. 이 문서가 「조선국교제시말내탐서朝鮮國交際始末內探書」인데 "송도(독도)는 죽도(울릉도)의 속도(屬島, 인접섬)"라

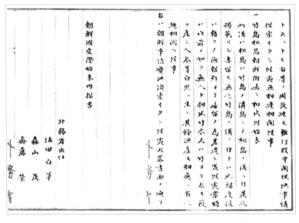

〈그림 4〉 1870년(明治 3年), 「조선국교제시말내탐서(朝鮮國交際始末內探書)」[15]

고 써서 독도가 일본 영토가 아님을 문서로 남겼다(〈그림 4〉).

둘째, 1877년 발행된 「태정관太政官 문서」인데 "울릉도(당시 竹島)와 그 외 1개 섬인 독도(당시 松島)는 우리나라日本와 관계 없다는 것을 심득(心得, 마음에 익힐 것)할 것(竹島外一島之義 本邦 關係無之義卜 可相心得事)"을 밝히고 있다(〈그림 5〉). 이는 1696년 일본이 울릉도와 독도를 한국 영토로 인정한 '울릉도쟁계鬱 陵島爭界(일본에서는 〈竹島一件〉)'의 결론에 따른 결정이었다.

태정관은 일본내각의 최고 의사결정기구로서 사법·입

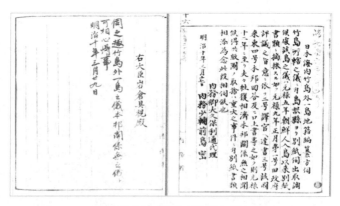

〈그림 5〉 일본 태정관 지령문(1877)[16]

---

15) 위의 사진을 좀 더 자세히 설명해보면, 「죽도·송도가 조선의 부속이 된 경위(竹島松島朝 鮮付属に相成候始末)」라는 항목 속에서 "송도는 죽도의 옆에 있는 섬이고, 송도에 대해서는 지금까지 기록된 사료는 특별히 없다. 그리고 죽도에 대해서는 겐로쿠(元祿) 5년간 이후, 잠시 동안은 조선에 의해 거류민을 파견하고 있었지만, 지금은 이전처럼 무인도가 되어 있다…"고 조사결과를 보고하고 있다. 이는 일본이 주장하는 독도 무주지 선점 논리 주장에 모순이 있음을 나타내는 문서이다.

법·행정을 관장하는 국가 기관이었다. 그래서 이후 일본 정부에서 제작하는 모든 지도에 울릉도와 독도를 포함시켜서는 안 된다는 원칙이 성립되게 된다. 이후 일본에서 그려지는 모든 지도는 여러 가지 방법으로 울릉도와 독도가 일본 본토와는 색깔을 달리하거나 일본의 서북경계를 오키섬으로 제한하게 된다(〈그림 6〉).

그리고 일본은 매달 간행되는 수로 관련 잡지에서도 『조선수로지』와 『일본수로지』를 구별하여 간행하였는데 이 수

〈그림 6〉 독도를 일본본토와 무관하게 나타낸 고지도
(오노 에이스케, 〈대일본국전도〉, 1892)

---

16) 일본 메이지(明治) 정부의 국가 최고기관인 태정관은 17세기 말 일본 막부가 내린 울릉도 도해금지조치 등을 근거로 '울릉도와 독도가 일본과 관계없다는 것을 명심하라'고 내무성에 지시하였다.

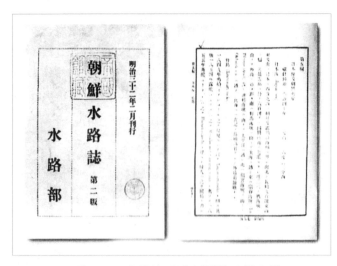

〈그림 7〉 1899년 일본수로부에서 발행한 조선수로지[17]

로지는 1899년에 일본 수로부에서 간행하였다(〈그림 7〉). 제4편 '조선동안'에서 독도를 리앙코 열암Liancourt rocks이라고 표기하고 그 외에도 영국 배나 러시아 배가 이 섬을 발견하고 각각의 이름을 붙였음을 소개하며 독도를 한국의 영토로 인정하고 있다(〈그림 7〉).

앞서 언급했던 1877년의 태정관 문서에서도 증명되었듯이 독도가 일본 영토가 아님은 일본 정부(도쿠가와 막부와 메

---

17) 이 수로지는 조선 연안과 그 부속도서를 일괄해서 편찬했다. 그리고 제4권 조선동안(朝鮮東岸)에서 독도를 '리앙쿠르트 열암'으로 표기하고 울릉도와 함께 상세히 설명하여 일본해군에서도 독도를 한국의 영토로 인정하고 있음을 증명하고 있다.

이지 정부) 스스로도 인정했던 사실이다. 그래서 1905년 2월 22일 일본이 독도를 시마네현 소속으로 편입하고 독도에 대해 무주지 선점을 주장하는 것은 잘못된 것이다. 왜냐하면 당시 독도는 주인이 있는 조선의 섬 무인도이었기 때문이다. 특히 「시마네현 고시」 5년 전인 1900년 10월 대한제국 정부는 울릉도와 독도에 대한 통치를 강화하는 중요한 행정적 절차를 밟았다. 대한제국은 대한제국칙령 제41호를 통해, 울릉군이 울릉도뿐만 아니라, 죽도(대섬, 울릉도 연안의 소도), 석도(독도)까지 관할토록 정하면서 울릉도의 행정단위를 군으로 승격시켰다(〈그림 8〉).

이 조치는 조선정부가 서울주재 일본 공사에게 일본인들의 울릉도 출입을 근절하여 줄 것을 요구한 직후에 취해졌

〈그림 8〉 1900년(고종 37) 10월 25일 반포된 칙령 41호[18]

으며, 동 칙령의 내용은 관보에도 게재된 만큼, 독도가 대한
제국의 영토라는 사실을 몰랐다는 일본의 주장은 전혀 사
실이 아니다.

둘째, 위의 설명에서 알 수 있듯이 일본은 독도가 한국의
섬일 것이라는 점을 충분히 인지하고 있었음에도 불구하고
사전에 한국정부에 독도 영토 편입 의사를 알리기 위한 어
떠한 시도도 하지 않았다. 그럼에도 불구하고 일본의 일부
학자는 이러한 편입이 국제법적으로 유효하다는 논리를 들
고 있다. 이들의 주요한 논리는 당시 독도가 한국의 영토였
다면 왜 타국(일본)으로 편입에 대해 항의하지 않았느냐이
다.[19] 이는 이치에 맞지 않는 주장이다. 왜냐하면 일본이 독
도 편입에 즈음하여 한반도 주변정세는 이하 사건들로 인
해 일본에 항의할 수 없는 상태였다.

1904년 2월 6일		러일전쟁 발발
2월 23일		한일의정서를 체결
8월		제1차 한일협약체결

---

18) 이 칙령에 의거하여 울릉도는 독립된 군(郡)으로 격상되어 울릉도·죽도·독도를 관장하는
지방 행정기관이 되었다. 이와 더불어 울릉도 도감(島監)은 울릉군 군수(郡守)로 격상되
었으며, 울도군 초대 군수로는 배계주(裵季周)가 임명되었다.

19) 나카노 데츠야, 『「竹島問題に関する調査研究」最終報告書』第2期, 竹島問題研究
会, 2012.

1905년	4월 8일	'한국보호권확립의 건' 각의 결정
	7월	가츠라·테프트 협약 체결
	8월	제2차 영일동맹조약 체결
	9월	미국주선으로 포츠머스조약 체결
	11월 17일	을사늑약 체결. 일본의 한국외교 '감시지휘'

이는 앞에서 언급한 후모토의 견해와 동일하다. "…당시에는 이미 조선의 국왕은 일본에 속박된 상태였다는 것을 말씀 드리고 싶습니다"[20]에서 보듯이 일본에 의한 독도 편입은 원천적으로 무효이다.

4. 결론

한편 1905년 당시 독도는 대한제국의 무인도였기에 무주지가 아니었다. 그래서 일본의 「시마네현 고시」 40호를 통한 독도 편입은 영토주권을 획득하기 위한 국가의 유효한 법률적 행위로서 인정될 수 없다. 이는 일본외무성이 2008년 2월부터 독도 관련 홈페이지에 독도가 무주지였다는 주

---

20) 동북아역사재단 『일본국회 독도관련 기록모음집』 2부, 2008, 493쪽.

장 내용을 볼 것 같으면 "1900년 대한제국칙령 41호에 석도가 오늘날의 다케시마(독도)라면 왜 칙령에 독도를 사용하지 않았는가"라 하면서 지금이라도 독도문헌이 발견되면 한국 영토로 인정할 것처럼 기술하고 있다. 당시 대한제국은 칙령 41호를 통해, 울릉군이 울릉도뿐만 아니라, 죽도(대섬, 울릉도 연안의 소도), 석도(독도)까지 관할토록 정하면서 울릉도의 행정단위를 군으로 승격시켰다. 그리고 당시 독도는 무인도이었을지는 몰라도 무주지는 아니었다. 왜냐하면 이는 조선이 오래전부터 취해 오던 수토정책搜討政策의 일환으로 섬을 비워두며 관리하였을 뿐 일본식으로 해석한 공도정책空島政策이 아니었기 때문이다. 그러나 일본은 독도가 대한제국의 섬일 것이라는 점을 충분히 인지하고 있었음에도 불구하고 고시 사실을 대한제국에 알리지 않았으며 동경에 있는 외국공관에도 공시하지 않았다. 이와는 반대로 1876년에 오가사와라 제도小笠原諸島(The Bonin Islands)를 일본 영토에 편입하기 이전 동경에 있는 미국, 프랑스, 독일 공관에 이 사실을 통보하였다. 이러한 사실에 비추어 보았을 때 일본에 의한 독도 무주지 선점론과 고유영토설은 터무니없는 주장에 불과하다. 그래서 일본의 무주지 선점논리에 의한 독도영유권 주장은 바람직하지 않으며 자기소모적 논쟁으로 이웃 나라와의 마찰을 일으켜서는 안 된다. 또한 우리도 독도와 관련해서 일본이 그릇된 논리를 구축하지 못하도록 철저히 대비해야 할 것이다.

참고문헌

동북아역사재단, 『일본국회 독도관련 기록모음집』 2부, 2008.

곽진오, 『일본문화학보』 제54편, 한국일본문화학회, 2012.8.

内藤正中, 『竹島=獨島問題入門日本外務省竹島批判』, 新幹社, 2008.

나카노 데츠야, 『「竹島問題に関する調査研究」最終報告書』 第2期, 竹島問
        題研究会, 2012.

『世宗實錄地理志』, 1454.

『은주시청합기(隱州視聽合紀)』(1667), 독도자료집III(동북아역사재단, 2007).

≪연합뉴스≫, 2006.10.27.

日本外務省 홈페이지(http://www.mofa.go.jp/mofaj/).

더 읽어볼 책들

• 나이토 세이추 지음, 곽진오 옮김, 『한일 간 독도·죽도 논쟁의 실체』, 책사랑, 2009.

나이토 세이추(內藤正中)의 『竹島=獨島問題入門日本外務省竹島批判』을 번역한 이 책은 2008년 2월 일본외무성의 '독도영유권 주장 10가지 포인트'에 대해 비판해 놓은 책으로 일본의 독도영유권 주장의 허구를 파악하는 데 도움이 되는 책이다.

• 동북아역사재단 편, 『독도와 한일관계: 법·역사적 접근』, 동북아역사재단, 2010.

동북아역사재단 독도연구소의 독도전문가들이 독도에 대해, 독도와 한일해양경계, 근대 한국법체계에서의 영토, 일본의 독도 영토 배제 조치의 성격과 의미, 일본의 독도영유권 주장의 한계, 그리고 근대 독도와 울릉도 명칭문제를 둘러싼 논쟁과 그 의미를 망라해 놓은 책이다.

• 김학준, 『독도연구』, 동북아역사재단, 2010.

이 책은 정치학계의 원로인 김학준 선생이 그간 우리나라에서 연구된 독도관련 연구서들을 분석해 독도가 왜 한국의 영토인지를 분석하고 있다. 이 책은 일본어로도 번역되어 일본현지에서도 10만부 이상 판매된 스터디셀러의 가능성이 있는 책이기도 하다.

• 최장근, 『한국영토 독도의 고유영토론』, 제이앤씨, 2014.

이 책은 왜 독도가 한국의 고유영토이고 일본의 고유영토가 아닌지를 역사적인 사실에 의해서 분석 하고 있다. 더 나아가 일본의 독도에 대한 무주지 선점 논리의 모순에 대해 비판하고 있는 책이기도 하다.

• 변영태 장관 회고록, 『외교여록: 변영태 장관 회고록』, 외교부 외교안보 연구원, 1997.

이 책은 당시 변영태 장관이 외교관 생활을 하면서 경험했던 다양한 국제 회의에 대한 회상과 경험담 그리고 독도관련에 대해서는 독도가 왜 한국의 영토인지에 대해 일본에 충고하는 내용도 담고 있다.

티베트의 사회와 종교,
그리고 티베트와
청조淸朝의 동상이몽同床異夢

이준갑

서울대학교 인문대학 동양사학과를 졸업하고 같은 대학원 동양사학과에서 석사학위와 박사학위를 받았다. 현재 인하대학교 사학과 교수로 재직중이다. 주요 저서로는 『중국 사천사회 연구 1644~1911: 개발과 지역질서』(2002)가 있고, 번역서로는 『강희제』(2001), 『반역의 책: 옹정제와 사상통제』(2004), 『룽산으로의 귀환』(2010) 등이 있다.

티베트의 사회와 종교, 그리고 티베트와 청조淸朝의 동상이몽同床異夢

1. 들어가는 말

2009년 한 해 동안 연구년을 맞아서 북경에 머물고 있던 필자는 어느 날 지하철 역사에 전시된 티베트와 관련한 한 장의 사진을 보고 충격을 금하지 못했다. 앙상하게 뼈만 남은 티베트의 어느 농노가 땅에까지 끌리는 굵은 쇠사슬을 목에 멘 채로 목제 농기구에 몸을 간신히 의지했지만 금방이라도 몸이 앞으로 꼬꾸라질 듯이 위태롭게 서 있는 모습을 찍은 사진이었다. 굵은 주름이 패인 얼굴에는 혹독한 노동이 가져다 준 절망과 고통, 체념의 흔적만 짙게 남아 있었다. 그의 표정 어디에도 자신을 쇠사슬로 얽어 메고 노동을 강요한 주인에 대한 저항이나 분노의 흔적은 찾아볼 수 없

〈그림 1〉 티베트의 농노

었다. 사진이 눈에 들어오는 순간 필자에게는 도대체 누가 무슨 권리로 사람을 저렇게 가축보다도 못하게 혹사시킬 수 있단 말인가 하는 의문과 분노가 동시에 솟아났다.

잠시 정신을 가다듬은 후 지하철 역사 주변에 전시된 사진 들을 찬찬히 둘러보았다. 당시 필자의 숙소는 북경 동북쪽 변두리에 위치하고 한국인들이 많이 살고 있던 왕징望京에 있었다. 왕징이 신개발지이자 변두리였으므로 시내중심으 로 들어가려면 왕징 역에서 지하철 13호선을 타고 동즈먼東直門 역까지 간 후에 그곳에서 북경 시내를 한 바퀴 두르는

지하철 2호선으로 갈아타야 했다. 시내에서 왕징으로 돌아가는 경우에도 역시 둥즈먼 역에서 13호선으로 환승해야했다. 수도 공항으로 가는 고속지하철 역시 둥즈먼 역에서 출발하였다. 세 노선이 교차하는 둥즈먼 역은 늘 환승하거나 지하철을 타거나 내리는 승객들로 붐볐다. 사진들은 승객들의 왕래가 빈번한 환승통로에 기다랗게 전시되어 있었다.

자세히 살펴보니 농노의 사진은 중국 정부에서 주관하는 '티베트 민주개혁 50주년 사진전西藏民主改革50年图片展'에 출품된 것이었다. 중국 정부에서 티베트 점령과 통치에 대한 정당성을 대대적으로 선전하기 위해 사진을 전시하고 있었던 것이다. 중국 정부의 주장대로라면 자신들이 민주개혁을 추진하기 이전의 티베트 사회는 인구의 95%에 달하는 농노

〈그림 2〉 농노의 갓난아기를 등록하는 농노주

와 노예가 5%에 불과한 농노주들에게 억압과 착취를 당하며 겨우 연명하는 부정과 불의에 가득 찬 사회였다. 이런 주장의 타당성을 증명하기 위해 중국 정부는 티베트 전통 사회의 어두운 면을 촬영한 사진을 증거로 제시하고 있었던 셈이다. 2009년이 50주년이라면 중국 정부에서 주장하는 티베트 민주개혁은 1959년에 발생했다. 도대체 1959년 티베트에서는 무슨 일이 일어난 것일까?

2. 1959년에 단행된 티베트 사회의 개혁

중국 정부에서 주장하는 티베트의 민주개혁은 세 가지 항목으로 요약할 수 있다.

첫째는 토지개혁을 실시하여 농노주들이 독점하는 토지 제도를 폐지한 것이다. 토지개혁 조치에 따라서 농노와 노예가 토지를 소유하게 되었다. 1959년 9월 21일, 서장자치구주비위원회西藏自治区筹备委员会에서는 ≪关于废除封建農奴主土地所有制实行農民的土地所有制的决议≫를 통과시키고 반란에 참가한 농노주農奴主의 토지와 기타 생산자료를 일률적으로 몰수하여 농노와 노예에게 분배하기로 결정하였다. 반란에 참가하지 않은 농노주의 토지와 기타 생산자료는 정부에서 돈을 주고 사들인 후에 농노農奴와 노예奴隷에게 분배하기로 하였다. 중국 정부의 통계에 따르면 토지개혁을 실시하면서 중국 정부는 4,500여 만 위안元을 들여서 1,300여 호戶에 달하는 반란에 참가하지 않은 농노주와 대리인들이 소유한 90만 무畝의 토지와 82만여 두의 가축을 구매하였다. 그리고 농노주들의 토지 280여 만 무를 몰수하거나 구매하여 20만 호, 80만 명에 달하는 농노와 노예에게 분배하였다. 농노와 노예들은 1인당 평균 3.5무의 경지를 소유하게 되었다. 토지개혁은 1960년에 기본적으로 완성되었는데 통계에 따르면 이 해의 티베트 전체의 식량총생산량은 1959년에 비해서 12.6% 늘어났고 토지개혁 이전인 1958년에 비해 17.5%가 늘어났다. 가축들의 보유 마리수도 1960년에는 1959년에 비하여 10% 늘어났다.

둘째는 정교합일제도政敎合一制度를 철폐한 것이다. 중국 정부는 반란에 참가한 라마교 사원의 토지와 가축 등의 생산수단을 몰수하고 반란에 참가하지 않는 라마교 사원의 토지와 가축 등의 생산수단은 구매하는 정책을 취했다. 이리하여 정교분리의 방침에 따라서 라마교 사원의 경제상·정치상 일체의 봉건적 특권을 폐지하여 사원의 봉건적 점유와 착취와 인신노역을 폐지하였다. 사원 승려들 노동력의 다소를 따져서 토지를 분배하고 사원관리위원회에서 통일적으로 토지를 관리하게 하였다.

셋째는 주민이 주체가 되는 정권을 건립한 것이다. 봉건적 농노제도의 폐지 후에 티베트 각 지역에는 주민이 위주가 되는 각급 정권이 들어섰다. 1960년 말까지 티베트에는 1,009개의 향급정권鄕級政權, 283개의 구급정권區級政權, 78개의 현縣과 8개의 시에서 주민이 주체가 되는 정권(인민정부人民政府)이 들어섰다. 티베트인과 그 밖의 소수민족 간부가 1만여 명에 달했으며 그 가운데 향급 간부는 모두 티베트인이었다. 구급간부의 90% 이상이 티베트인이었으며 300여 명의 티베트인 간부는 현급 이상의 단위에서 지도자의 역할을 담당했다. 기층간부 가운데 4,400여 명은 이전에는 농노나 노예 출신이었다. 각급 지도자들은 1961년에 티베트 각지에서 실시된 보통선거를 통해 선출되었다. 1965년 8월에는 티베트 각지의 향과 현에서 선거가 완료되었다. 1,359개 향鄕, 진鎭에서 선거가 진행되어 567개 향진에서 인민대표회의가 소집되었다. 이리하여 티베트의 약 92% 지방에서 농노와 노예에서부터 전신한 사람으로 구성된 인민정권이 수립되었다. 54개 현에서 인민대표회의가 소집되어 현장縣長이 선출되고 인민위원회가 건립되었다. 1965년 9월에는 티베트 자치구 제1차 인민대표대회自治區 第一屆 人民代表大會가 성공적으로 소집되어 서장자치구西藏自治區가 정식으로 성립하였음을 선포하였다. 일련의 개혁을 통해 수백 년간 지속된 봉건 농노제는 폐지되었고 거의 백만에 달하는 농노와 노예들은 전통적인 억압에서 벗어나 티베트의 정치, 경제, 사회 각 방면에서 새로운 출발을 하게 되었다.

물론 이 개혁을 반대해서 티베트인들 가운데는 1959년 3월에 무장 봉기를 일으킨 사람들이 있었고 이 과정에서 12 만 명에 달하는 티베트인들이 중국군에게 살해되었다. 달 라이 라마는 1990년대에 행한 미국의 예일대학 강연에서 중국이 티베트를 통치한 40년 동안 120만 명의 티베트인이 박해와 기아로 죽었다고 주장했다.

3. 티베트의 농노제도와 귀족

티베트의 농노제는 10세기 무렵에 시작되어 13세기에 보 편적으로 확립되었으며 1959년 중국 정부에 의해 폐지될 때까지 지속하였다. 티베트의 생산력은 낮고 농업생산 도 구도 무척 낙후 되어서 농경지역에서는 목제 쟁기犁, 목제 호미鋤를 주로 사용하였고 간혹 보습은 철제로 자루는 나무 로 만든 쟁기鐵鏵木犁를 사용하였다. 농업 수확량은 아주 적어 서 종자의 4~5배가량에 불과하였다. 목축업의 사정도 비슷

하여 소와 양의 생존율이 각각 50%와 30% 정도에 머물렀다. 수공업은 가내 부업의 형태로 전개되었는데, 주로 양털을 실로 가공하거나 카펫을 짜거나 낙농품을 가공하였다. 도시의 수공업자들은 봉건영주에게 인신이 예속되어 있었다. 전통적으로 농산물과 축산물을 물물교환 하는 방식으로 생활하였다.

농노주 계급은 티베트인구의 5%를 차지하였다. 농노주에는 3대 영주, 즉 지방의 봉건정부, 귀족, 사원의 상류층 승려가 있었다. 이들은 티베트의 모든 토지와 산림 그리고 대부분의 가축과 농기구 가옥 그 밖의 생산수단을 차지하였다

티베트의 귀족계층은 영지領地의 대소와 관작官爵을 통해 획득한 권력과 부의 정도로 세분화 된다. 이와 같은 요소를 근

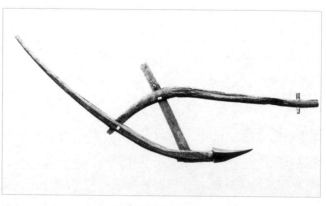

〈그림 3〉 철화목려

거로 하여 티베트의 귀족계층은 (1) 아계亞谿(yab-gzhis), (2) 제본第本, (3) 제본미찰第本米扎, (4) 미찰米扎과 같이 대·중·소·일반 네 유형으로 구분될 수 있다.

이중에서 '아계'귀족가문은 매우 특수한 귀족집단이었다. 황금귀족으로 분류되어 온 아계귀족집단은 티베트 귀족집단 중에서도 최고위층 귀족으로 분류된다. 이는 달라이 라마를 중심으로 부모와 형제 친인척 집단으로 형성된 가문이기 때문이다. 티베트 사회에서 귀족세력은 매우 중요한 경제적, 정치적, 종교적 실체였다. 안정적 재정을 바탕으로 귀족집단은 거주하는 인근 사원과 대형사원의 시주와 사원건축의 재정지원을 통하여 종교적 영향력을 행사할 수 있었으며 심지어 가문의 아들을 사원에 출가시켜(활불이 되는) 공부를 지원하였다. 또한 티베트의 지방정부인 갈하噶廈에도 적지 않은 가문의 구성원들을 진출시켜 티베트 정치 전반에 관여할 수 있는 인적 네트워크도 구축하였다.

귀족집단이 일반 평민과 다른 가장 큰 차이점은 적지 않은 장원을 소유하고 있다는 점이다. 기본적으로 귀족도 토지의 소유와 농노의 보유량에 따라 등급이 나뉜다. 귀족이 보유하고 있는 장원은 영지와 분지로 나뉠 수 있는데 전자는 영주가 직접 관리하는 것이고 후자는 농노가 관리하게 위임하는 것이다. 귀족은 대소의 차이는 있지만 이와 같은 기본적인 경제적 우세와 득세를 바탕으로 티베트 정부인 갈하내에서 권위와 권력을 점유하고 있었다.

티베트 지방정부의 구조는 엄격하게 관료주의 체계이다. 지방정부의 관료는 명확하게 두 부분으로 구성되어 있다. 하나가 세속귀족으로 구성된 속관俗官이고 두 번째가 라마교의 승려들로 구성된 승관僧官이다. 모든 속관은 일률적으로 귀족집단으로부터 공급되었다. 이러한 자격은 귀족들만 가질 수 있다. 즉, 귀족의 자손들은 태어날 때부터 티베트 사회의 고위 관료가 될 수 있는 자격이 주어지는 것이다. 티베트의 귀족집단은 대략 200여 개의 성씨를 가진 가정으로 구성되어 있었다. 한가정당 평균 6명의 호구로 계산할 때 전체적으로 1,200명의 귀족집단은 기본적으로 티베트 최고의 통치집단이 될 수 있는 기본적인 자격이 있는 것이었다.

농노계급은 티베트 인구의 90%를 차지하였으며 인신이 농노주에게 예속되었다. 농노는 부유한 농노와 중등농노, 빈곤농노로 구분되었다. 그 가운데 차파差巴와 퇴궁堆窮은 농노 계급 가운데 주요한 성원이었다. 차파의 의미는 강제노역을 하는 자支差者라는 의미이다. 이들은 지방정부가 차지한 토지를 경작해 주거나 혹은 자신이 속한 농노주를 위해 강제노역을 하는 자들로서 지위가 퇴궁보다 높았다. 퇴궁은 소호小戶라는 뜻이다. 이들은 농노주나 그 대리인이 나누어

준 조그만 땅뙈기를 경작하면서 농노주와 그 대리인을 위해 강제노역을 하는 농노이다. 차파가 퇴궁이 될 수 있고 반대로 퇴궁이 상승하여 차파가 될 수 있다. 차파와 퇴궁이 파산하면 노예朗生가 되었다. 대부분의 노예의 출신은 파산한 빈궁농노들이었다. 노예는 티베트 인구의 5%에 달했다. 노예는 생산수단이 전혀 없고 권리도 일절 없으며 완전히 농노주에 의해 점유된 존재로 가내 노동을 담당하였다. 농노제 하에서 지방정부는 경작지의 31%, 귀족들은 경작지의 30%, 사원의 상층 승려들은 경작지의 39%를 차지하였다.

4. 달라이 라마의 종교적·정치적·경제적 성격

달라이 라마에서 '달라이'는 몽골어로 '큰 바다'라는 뜻이고, '라마'는 티베트어로 '영적스승'이라는 의미로 달라이 라마는 '넓은 바다와 같이 넓고 큰 덕을 소유한 스승'이란 뜻이다. 라마교에서 라마는 주술을 부릴 수 있는 능력을 갖춘 자를 말한다. '달라이 라마'라는 명칭은 3대 소남갸초가 몽골왕 알탄칸이 있는 청해로 갔을 때 받은 칭호이다.

또, 달라이 라마는 티베트 불교 가장 최후에 성립된 종파

〈그림 4〉 14세 달라이 라마

인 겔룩파의 수장인 법왕의 호칭이며, 1642년 이후 티베트 원수가 된 역대의 전생활불轉生活佛에 대한 속칭이다. 달라이 라마의 계승은 이 전생활불사상에 기인한다.

전생활불은 인도의 윤회사상과 티베트인의 살아 있는 신의 관념이 합쳐져 생겼다. 덕망 높은 승려가 죽었을 때 그를 보살의 화신이었다고 간주하고 그의 죽음은 인생에게 무상을 가르쳐주기 위한 것일 뿐, 반드시 전생하여 구제활동을 계속할 것이라고 믿는 데서 비롯된다. 고승이 죽음에 임해서 전생의 방향을 유언하면, 고승이 죽은 지 10개월이 지난 뒤 49일 사이에 그 지방에서 태어난 어린이 중에서 활불을 선정한다.

달라이 라마는 티베트의 정신적 종교적 지주이자 정치적

통치자이며 경제적으로는 최대의 농노주이자 지주이자 부호였다. 14세 달라이 라마 텐진 가쵸(1935~)가 1959년 인도로 망명하기 전까지 달라이 라마 자신과 가족이 티베트에서 소유했던 재산을 정리하면 다음과 같다.

1) 티베트에서 달라이 라마 가족의 재산

   a. 재산

     – 장원 27개소. 목장 30개소

     – 농노(農奴)와 목노(牧奴) 6,000여 명을 거느림

   b. 매년 농노와 목노에게서 거두어들이는 소작료

     – 쌀보리(靑稞) 46만 킬로그램(80킬로그램을 1가마니로 환산하면 5,750가마니)

     – 수유(酥油: 소나 양의 젖을 끓여서 만든 유지방. 약으로 사용하거나 호마(護摩)[1]할 때에 오곡 에 섞어서 태운다. 수유차(酥油茶)는 티베트인이 즐겨 마시는 음료) 35,000킬로그램

     – 소와 양 : 300여 마리

---

1) 호마(護摩): 梵語 homa, 火祭의 뜻. 밀교에서 화로를 놓고 유목(乳木)을 태워 부처에게 비는 일. 지혜의 불로 번뇌의 섶을 태워, 진리의 성스러운 불로 마귀의 해악을 불살라 없애는 표지. 부동존(不動尊)으로써 본존(本尊)을 삼아, 그 앞에 단을 설치하여 행한다. 식재(息災)·증복(增福)·항복(降服)·구소(鉤召)·경애(敬愛) 다섯 가지가 있음.

- 방로(氆氌: 야크의 털로 짠 검은색 혹은 다갈색 모포.
  옷이나 침대 시트 등을 만듦) 175卷
- 장은(藏銀)[2]: 200만 兩

2) 티베트에서 14세 달라이 라마 개인의 재산

- 각종 비단, 고급 모직물, 진귀한 모피의복: 1만여 건(그
  가운데 진주와 옥으로 만든 진귀한 기물 100여 건은 건
  당 한화(韓貨) 1,000만 원 상당)
- 황금(黃金): 16만 兩(황금 1돈 가격을 15만 원으로 계산
  하면 한화 2,400억 원 가량)
- 백은(白銀): 9,500만 兩(순은 1돈을 2,500원으로 계산하
  면 한화 2조 3,750억 원 가량)
- 보석 등 2만여 건

5. 티베트에서의 불교

티베트는 정치와 종교가 한 사람의 통치자에 의해서 지

---

2) 전통적으로 티베트에서 유통되던 순도가 대단히 낮은 은으로 성분의 30%가 은이고
70%는 구리이다.

배되는 나라였다. 티베트라는 특수한 지리적 인문적 환경 속에서 거주하는 티베트인들은 참혹한 생존환경과 자연재해로부터 엄습하는 공포심과 두려움을 이기기 위해 다양한 종교를 가졌다. 그 첫째가 티베트의 토속종교인 본교Bön였다. 본교는 항마, 예언, 점복 등의 주술신앙이었다. 둘째는 불교였다. 7세기경에 토번의 송첸캄포 왕(569~650)이 라싸를 중심으로 토번 왕조를 개창하였다. 그는 독실한 불교 신자였는데, 신하를 인도에 파견하여 불교를 티베트로 수입하게 하였다. 동시에 산스크리트어로 씌어진 불경을 번역할 수 있도록 티베트 문자를 만들었다. 그 후 치스롱 데트산 왕(755~781)은 불교를 국교로 삼고, 많은 승려들을 인도로부터 초빙했다.

셋째는 티베트 불교, 즉 라마교였다. 티베트의 불교는 인도 불교 가운데에서도 특히 성력숭배性力崇拜 경향이 강한 좌도밀교, 즉 탄트라 불교가 고유신앙인 본교의 지반 위에서 발달하여 형성되었다. 10세기에 들어와서는, 티베트 불교가 받아들인 밀교의 성적性的 요소를 배제한 카담파Kadampa가 성립되었고, 이들로부터 분리된 사캬파Sakyapa의 파스파 (1239~1280)는 티베트 불교(라마교)의 종교적 수장이 됨과 동시에 정치적 권력을 장악하여 법왕국가를 건설하였고 세력을 신장하였다. 이 무렵에 티베트 불교(라마교)는 티베트인과 동일한 유목 민족인 몽고인 사회에도 퍼지게 되었다.

15세기가 되면서 쫑카파Tsong-ka-pa(宗喀巴, 1357~1419)에 의한 티베트 불교(라마교)의 개혁이 이루어져 현세의 복을 비는 주술呪術이 배척되고 계율의 준수가 강조되었다. 이 파는 라사의 동남쪽에 있는 가단사寺를 근거로 하여 겔룩파Gelugpa(黃帽派·황모파)라고 불렸다. 종래 티베트 불교(라마교)의 닝마파Nyingma(紅帽派·홍모파)나 원시 본교Bön와 구별되었다. 계율을 중시한 겔룩파는 대처帶妻를 인정하지 않았으므로 윤회輪廻에 의한 전생설轉生說로 후계자를 얻었다.

6. 『16법전法典』과 『13법전法典』을 활용한 통치

사회·경제·정치상의 필요에 따라 티베트에서 법률을 제정하여 백성들에게 준수하기를 요구하였다. 티베트에서 가장 이른 법률은 토번 왕조에서 7세기 경에 만든 『법률20조法律二十條』였다. 그 이후 원말元末에는 파주帕主 정권政權에서 『법률15조』를, 17세기 장파한藏巴汉 정권에서는 『16법전』을, 청조에 들어와 제5세 달라이 라마 시기에는 『13법전』을 제정하여 실시하였다. 이들 가운데 가장 중요한 법률은 『16법전』과 『13법전』이다. 그 가운데서도 『13법전』은 1959년 티베트 사회의 개혁 때까지 줄곧 적용된 법률이다.

『16법전』은 1618년 이전 시기에 반포된 『법률15조』를 기초로 하여 만들어진 봉건농노법이다. 16개의 법률이 있어서 『16법전』이라 칭해진다. 이 법전의 아홉 번째인 「살인명가율杀人命价律」 규정에 따르면 사람은 상·중·하 삼등으로 나눠지고 매등인每等人은 다시 상·중·하 삼급으로 나눠진다. 상등인에는 장왕藏王·대소활불大小活佛·승속관원僧俗官員과 귀족貴族 등이 포함되고 중등인에는 직원職員·승인僧人·상인商人 등이 하등인에는 농노農奴·철장鐵匠·도부屠夫 등이 포함된다. 이들의 생명은 엄청난 가치상의 차이가 있었다. 법률 규정에 따르면 왕의 목숨 값은 자신의 몸과 동일한 부피만큼의 황금에 상당하지만 하등인인 부랑인, 철장·도부 등의 목숨 값은 새끼줄 한 다발에 불과했다. 또 하등인들의 범법 행위에 대한 처벌

〈그림 5〉『十三法典』

도 극히 가혹하여 농노나 노예가 상등인을 범하게 되면 완목剜目(눈알을 도려 냄)·월슬刖膝(무릎을 벰)·할설割舌(혀를 자름)·타지剁肢(사지의 고기를 잘게 썰어서 저밈)·투애投崖(절벽에서 아래로 던짐)·추근抽筋(힘줄을 빼어 냄)·익사溺死(물에 빠뜨려 죽임)·도살屠殺(죽임) 등의 신체형이나 생명형을 집행했다. 반면에 상등인이 하등인을 범하면 처벌이 가볍거나 아예 형사책임이 면제되기도 했다.

이처럼 『16법전』은 법률적으로 농노주에게 특권을 부여하고 그들의 생명과 재산을 보호하며 그들의 폭행을 법률적으로 합법화하는 내용을 담고 있다. 이 법전의 정신을 살펴보면 3대영주의 농노에 대한 지배는 신의 뜻에 따른 것이

〈그림 6〉 잘린 팔을 든 농노

며 농노들의 고통은 숙명적으로 결정된 것이어서 반항할 수 없는 것으로 규정하고 있다. 만약 반항하는 경우에는 잔혹하고 야만적인 형벌을 가함으로써 농노들의 농노주에 대한 반항을 원천적으로 차단하였다.

『13법전』은 5세 달라이 라마인 루상가초羅桑嘉措 시기에 제정된 것이다. 그가 티베트를 통치하던 시기에 채무관계를 규정하는 법령을 제정하도록 지시하고 『16법전』을 조정하여 개별 법조문을 삭제, 수정, 보완하여 새로운 법전을 만들었으니 이것이 『13법전』이다. 『13법전』은 『16법전』의 주요한 내용을 계승하였는데 귀천의 등급에 대한 엄격한 구분이나 농노주들을 비호하는 내용, 주인에게 반항하는 농노와 노예들에 대해 손이나 발을 자르는 따위의 잔혹한 처벌등이 그러한 예이다.

두 법전의 내용은 대동소이하여 정교합일의 봉건농노제가 시행되던 티베트 사회에서 인구의 5%에 불과한 귀족과 사원의 상층 승려들로 구성되는 3대 영주의 이익을 보장하고 인구의 95%에 달하는 농노와 노예들을 철저하게 억압하는 수단으로 활용되었다.

7. 청과 티베트의 동상이몽

청조 (1644~1911)와 그에 상응하는 티베트 5세 달라이 라마에서 12세 달라이 라마에 이르는 기간 동안 겔룩파 티베트와 청조 사이에는 독특한 국제 관계가 성립되었다. 당시 청조와 동아시아의 다른 국가 사이에는 이른바 조공 책봉 관계가 형성되었고 이것이 일반적인 동아시아 국제질서였다. 조선과 청의 관계도 예외가 아니어서 양국은 조공과 책봉관계로 외교 질서를 구축하고 있었다.

〈그림 7〉 5세 달라이 라마와 순치제

일반적인 동아시아의 국제질서와는 달리 티베트와 청조와의 사이에는 티베트어로 최왼檀越이라는 공시供施관계가 성립되었다. 공시관계란 승려와 시주 사이에 형성되는 특유한 인간관계로서 승려는 시주를 위해 기도하고 시주는 승려를 위해 물질적 도움을 주는 제공하는 것을 의미한다. 이런 개인적인 관계가 티베트 불교와 중국의 지배자 사이에 정치적 차원으로 확대되면서 티베트 불교의 지도자는 중국의 황실을 위해 복을 빌거나 평안을 기원하는 대신에 중국의 황제는 달라이 라마에게 막대한 물자를 지원하고 외부에서 티베트를 침략하는 일이 있으면 군대를 보내 그를 도와주었다. 이것이 청조와 티베트 사이에 형성된 최왼이라는 공시관계의 대체적인 개략이다. 이를 시기 별로 좀 더 세분화하면 다음과 같다.

순치제는 순치 9년(1652)에 5세 달라이 라마 롭상가초를 북경으로 초대하여 환대하고 이듬해에 티베트로 돌아가는 그에게 만주문자, 한자, 몽골문자, 티베트 문자 등 네 문자로 씌어진 금책金冊과 금인金印을 주었다. 이후 청조는 매년 티베트에 백은白銀 5천 냥兩을 주어 승려를 봉양하게 하였다. 그밖에 수시로 차와 비단 등을 주었다.

강희 56년(1717) 준가르부의 우두머리 체왕 랍탄이 군사를 이끌고 티베트의 수도 라싸를 점령하여 달라이 라마 예세가초[3]를 폐위하였다. 이에 강희제는 강희 57년(1718)과 이듬해에 두 차례에 걸쳐 청의 군대를 티베트로 보내 준가르부의 군사들을 제압했다. 이후 청의 군사력은 티베트를 장악하였다.

옹정 5년(1727) 티베트에서 내분이 일어나자 옹정제는 이를 기회로 삼아서 청군을 티베트로 다시 파견하고 주장대신駐藏大臣을 파견하여 티베트의 내정에 간섭하였다.

건륭 15년(1750)에 주장대신이 티베트의 유력자와 갈등을 빚으며 그를 제거하자 주장대신 역시 티베트인에 의해 피살되었다. 이에 건륭제는 7세 달라이 라마 칼장가초를 보호한다는 구실로 청조의 대군을 파견하였다. 그리고 이듬해인 1751년에 주장선후장정西藏善後章程 13조를 티베트에 강요하여 주장대신이 자신의 군사를 거느리고 티베트의 내정에 간섭할 수 있는 합법적인 권한을 획득하였다.

건륭 53년(1788)과 건륭 56년(1791)에 두 차례에 걸쳐 네팔의 구르카 군대가 티베트의 서부지역을 침공하자 건륭제는 복강안福康安에게 청조의 대군을 지휘하게 하여 구르카 군대를 물리쳤다. 이 전쟁에서 청조는 전쟁비용으로 1,052만 냥을 소모하였다. 이는 청조의 한 해 세수稅收 1/4에 해당하

---

3) 호쇼트 부의 라짱 칸이 세운 달라이 라마로서 준가르 부의 우두머리 체왕 랍탄이 티베트를 침공하여 1717년 폐위했다. 그는 달라이 라마의 공식적인 世系에 포함되지 않는다.

는 거액이었다.

그런데 건륭제는 두 차례에 걸친 구르카와의 전쟁 후에 주장대신을 통해 티베트를 장악하기가 불가능하다는 사실을 간파했다. 전쟁이 발발하자 티베트의 여러 사안을 달라이 라마와 네 명의 집정관들이 마음대로 처리하고 주장대신은 제대로 사안을 보고 받지도 관리하지도 못했기 때문이었다. 이에 건륭제는 건륭 58년(1793) '장내선후장정' 29조를 만들어 티베트 장악을 강화하면서 티베트의 정치적 자율성을 심각하게 훼손하였다. '장내선후장정' 29조에는 달라이 라마의 전세영동轉世靈童을 확인할 때 금병체첨金甁掣籤의 방법을 사용할 것, 티베트의 고위 관료를 임명할 때는 달라이 라마와 주장대신이 서로 협의하여 선택할 것, 대외업무는 주장대신의 비준을 받아서 처리할 것 등의 내용이 포함되어 있었다. 이리하여 18세기 말의 티베트는 티베트 역사상 전례 없이 정치적 자주성과 독립성이 훼손되었다.

결국 티베트(달라이 라마)와 청조(황제) 사이의 최원 공시관계는 순수한 종교적 차원을 넘어서 정치적 차원으로 변질되었다. 청조는 최원 공시관계를 티베트에 대한 정치적, 군사적 개입을 정당화하는 활용하였다. 티베트나 달라이라마는 청조의 이런 개입에 저항하였지만 현실적인 역학관계가 지극히 열세였으므로 대세를 거스르지 못했다. 이들이 기껏 할 수 있었던 것은 청조의 군사적 정치적 개입을 '억지로' 최원 공시관계의 틀 속에서 이해하면서 자기위안으로 삼는 것뿐이었다.

8. 맺는 말

객관적으로 티베트의 역사를 살펴보면 오늘날 티베트가 독립된 나라가 아니라 중국의 일개 자치구로 전락하게 된 데는 크게 두 가지 원인이 있었음을 간파할 수 있다. 첫째는 티베트 사회가 종교와 정치권력이 결탁하여 내부적으로 철저하게 절대 소수의 농노주(지배층)들의 이익을 보장하는 체제로서 고착되었다는 점이다. 좀 더 거시적으로 말하자면 1959년까지 티베트 사회는 거의 천년 동안 중세사회의 체제를 유지하고 있었다. 사실 농노를 생산대중으로 하여 귀족들이 호사를 누리는 중세사회의 모습은 세계 어느 지방에서나 확인되는 보편적인 현상이었다고 해도 과언이 아니다. 그런 면에서 티베트에서 중세 농노제도가 출현한 것은 전혀 이상하지 않다. 다만 대부분의 다른 나라와 지역에서는 시간이 흐르면서 중세사회의 질곡을 깨치고 대중들의 경제적·정치적 권리가 더욱 확보되는 방향으로 사회가 발전하였지만 티베트에서는 그러지 못했다. 20세기 세계 대부분의 나라에서는 국민들의 주권과 정치적 경제적 권리가 보장되고 천부인권의 관념이 보편화되었지만 같은 시대의 티베트에서는 여전히 중세사회의 참혹한 불평등이 지속되었다. 95%의 주민들은 중세의 질곡에서 신음하였다. 티베트 사회가 중세에서 천년이나 머물며 발전을 하지 못한 배후에는 중세의 불평등을 신의 뜻으로 선전하며 특권에 안주한 티베트 불교의 책임이 막중하다. 티베트 불교의 수장인 달라이 라마는 그런 정치적 경제적 사회적 불평등에서 얻어지는 지배층의 특권을 가장 크게 누린 최고 수혜자였다. 현대에서 이루어진 중국의 티베트 침공을 옹호할 생각은 추호도 없다. 그러나 티베트의 역사는 절대다수의 대중들을 무한하게 착취할 수 있는 지배구조는 세계 어디에도 존재할 수 없다는 생생한 교훈을 남겨준다.

둘째는 달라이 라마나 티베트의 지배층들은 장기간에 걸친 청조의 경제적 군사적 지원에 대해 아무런 대가를 치르지 않아도 될 것으로 착각했다는 점이다. 개인 간의 관계에 있어서도 어느 한쪽이 지속적으로 물질적 자원을 상대방에게 수여한다면 양자의 관계는 결코 평등해질 수 없는 것이 자명한 사실이다. 하물며 이해관계가 첨예하게 맞서는 국가 간의 관계에서는 더 말할 나위가 없다. 청조가 티베트에 대한 영향력과 간섭을 강화한 데는 달라이 라마와 지배층들의 안일한 생각('공짜' 정신)에도 상당부분 그 책임을 돌릴 수 있다.

청조와 티베트는 최원 공시관계라는 같은 침상에 있었지만同床 전자는 시주의 대가로서 후자에 대한 정치적·군사적 영향력을 강화하려는 조치들을 차근차근 시행하였고, 후자는 전자의 시주가 아무런 대가가 없는 공짜라고 착각하는 서로 다른 생각異夢을 품고 있었던 셈이다.

더 읽어볼 책들

· 김한규, 『티베트와 중국』, 소나무, 2000.

티베트와 중국의 역사적 관계에 대한 논쟁을 체계적으로 정리한 책이다. 티베트와 중국의 갈등과 모순은 어디에서 온 것이며, 그 당사자들은 도 대체 이 갈등과 모순의 본질을 어떻게 이해하고 있는가를 역사적인 관점 을 통해 살폈다.

· 조정남, 『현대중국의 민족정책』, 한국학술정보, 2006.

현대중국의 민족상황, 민족이론, 민족정책을 중국 측 자료를 중심으로 소개하고, 다섯 개의 민족자치구와 연변조선족 자치주를 민족관계를 중 심으로 개괄한 책이다.

· 폴 인그램 지음, 홍성녕 옮김, 『티베트 말하지 못한 진실』, 알마, 2008.

영국 런던에 있는 비영리 단체 '과학적 불자연합(SCIENTIFIC BUDDHIST ASSOCIATION)'이 국제연합 인권 소위원회 활동을 위해 작성한 보고서 이다. 보고서의 주요 목표는 1959년 중국이 무력을 앞세워 티베트를 점 령한 뒤 벌어진 본격적·조직적 대량 인명학살(제노사이드)과 티베트 고 유한 문명 말살에 대한 세부 사실 및 핵심 정보와 자료를 세계 여러 나라 에 제공하여 제대로 알려지지 않은 티베트의 실상을 소개하는 데 있다.

• 박근형, 『티베트 비밀역사』, 지식산업사, 2013.

한국인의 눈으로 보고 쓴 티베트 역사서이다. 고대 토번시대의 개국 신화에서부터 현재까지 이어지고 있는 반중 독립운동까지, 티베트 역사에 대해 폭넓게 다루었다. 따라서 티베트를 깊이 알게 할 뿐만 아니라 고대부터 현재에 이르기까지 동북아 서북지역의 역사와 세계사를 들여다보게 한다.

동북아 영토분쟁과
일본의 과거사 왜곡

강명세

고려대학교 철학과를 졸업하고 동 대학 정치학 석사를 받은 후 뉴욕사회과학대학원에서 역사학과 정치경제학 석사를 수료했으며 UCLA에서 정치학 박사학위를 취득했다. 한국정치연구회 회장을 역임했으며 현재 세종연구소 수석연구위원으로 재직중이다. 국제정치경제 분야를 전공으로 하며 국제관계와 관련 동북아 지역주의, 미국의 보수주의, 그리고 미중관계 등에 관심을 갖고 있다. 주요 저서로 『민주주의, 복지국가, 그리고 재분배』(2014), 『중국의 부상과 동북아 질서의 재정립』(2012), 『세계화와 탈산업화 시대의 노동과 복지의 정치』(2006), 『동아시아 신지역주의의 정치경제』(2001) 등이 있다.

동북아 영토분쟁과 일본의 과거사 왜곡

동북아에서 영토문제 갈등이 심각한 수준으로 상승하고 있다. 일본은 독도를 자국영토라고 주장하고 다오위다오를 두고는 중국과 영토분쟁 와중에 있다. 동북아 영토분쟁은 19세기 격동기의 유산이다. 중국과 한국인은 물론 나아가 동아시아인에게 20세기의 한국 아니 동아시아 역사는 일본이 자신의 야욕을 채우기 위해 폭력으로 이웃 나라를 강탈하고 협박한 역사로 기억된다. 과거사를 반성하지 않는 일본의 태도에서 일본의 입장을 읽어보면 스스로의 과거를 부국강병에 성공하고 이웃을 식민지로 만든 자랑스러운 역사로 알고 있는 듯하다. 20세기 전반의 폭력적인 동아시아 역사는 일본이 아무리 부정하려 해도 없어지지도 사라지지도 않는다. 독일이 유럽에 저지른 역사적 과오와 관련해,

한 역사가는 두 가지 원인 때문에 역사에 생생히 남는다고 적었다.[1] 첫째, 그것은 일국의 역사나 행위자 소수의 잘못으로 귀착되는 것이 아니라 동아시아 전체 그리고 나아서 세계사의 일부로 존재하기 때문이다. 둘째, 전쟁이 낳은 반인류적 결과는 이후의 세계 역사에서 너무나 크기 때문에 비록 그 원인에 대해서는 망각될 수 있을지 모르지만 그 결과는 결코 잊히지 않기 때문이다. 이 두 가지는 독일이 유럽에서 저지른 전쟁범죄를 지적하는 것이지만 일본이 동아시아와 세계를 향해 저지른 전쟁범죄에도 동일하게 해당된다. 특히 두 번째 이유는 과거사에 대한 독일과 일본의 태도와 직결되는 점에서 더더욱 잊을 수 없다.

일본의 아베 정부는 과거사 잘못을 부정하려 한다. 20년 이상의 장기불황 후 내수 진작을 선거 전략으로 내세워 2012년 12월 집권한 아베와 자민당은 제2차 세계대전 동안 인접국 침략과 전범행위를 부정하고 일급전범이 합사되어 있는 야스쿠니 신사참배를 강행했다. 위안부 모집을 자발적 행동이라는 정부각료의 잇따른 망언은 일본이 의지하는 맹방 미국마저도 일본의 과거사 행적에 우려를 표하게 만들었다. 일본 정부가 과거사 잘못을 아예 부정하는 행태를

---

1) Konrad H. Jarusch & Michael Geyer, *Shattered History: Reconstructing German Histories*, Princeton University Press, p. 112.

보이는 것은 전후 처음 보는 사건이다. 과거사 부정은 일본 스스로 정상화라고 일컫는 보수화의 한 단면이다.

중국 정부 역시 일본의 역사인식에 반대하고 있으며 2014년 6월 서울을 방문한 시진핑 주석은 위안부 문제의 한중 공동연구에 합의했다. 중국은 한국이 독도영토권을 두고 일본과 갈등을 겪는 것처럼 다오위다오(일본명 센카쿠)열도를 둘러싸고 강도 높은 영유권 분쟁 상황에 있다. 나아가 중국은 위안부 문제에 대해 증언시리즈를 통해 일본군의 만행을 폭로하는 등 고삐를 늦추지 않고 있다. 시진핑 주석은 1937년 7월 7일 베이징 교외에서 발생한 루거우차오盧溝橋 사건 77주년을 맞아 이례적으로 기념식에 참석하고 일본의 과거사 인식문제를 비판했다. 이 사건을 계기로 일본은 중국에 대한 전면 공격을 감행하였고 중일전쟁의 기폭제가 되었다.

일본은 왜 과거사를 반성하기보다 역으로 미화함으로써 주변국은 물론 세계의 평화를 위협하는가? 과거사 문제는 특히 제2의 아베 정부에 와서 노골화되고 있다? 아베 정부는 정상국가의 회복이라는 명분하에 자위대 국군화와 「평화헌법」 개정을 역대 어느 정부보다도 강력하게 추진 중에 있다. 2014년 7월 24일 유엔의 시민적·정치적 인권위원회는 일본 정부가 위안부 문제를 부정하는 것에 대해 '차별적 증오표현' 금지를 권고하는 조치를 내렸다. 아베 정부의 우경화에 대한 비판은 일본 내 보수파에서도 표출되기 시작했다. 대표적인 보수파 잡지 『분게이슌주文藝春秋』 6월호는 보수파의 우려를 특집으로 게재했다. 일부 보수는 아베의 극우주의가 '양질의 보수로부터의 후퇴'라고 비판했다. 그렇다면 아베 정부는 왜 1993년 일본 정부가 위안부 문제를 인정하고 잘못을 반성했던 고노담화도 부정한 채 국제사회의 비난을 자초하는가?

첫째 원인은 아베 총리의 전략이다. 아베는 제1의 아베 정부 시절 겪었던 고통으로부터 교훈을 통해 노골적인 우경화가 최선이라고 판단한 것이다. 2006년 아베가 처음으로 수상에 취임한 지 1년이 지났을 때 지지도는 30%대로 추락했었다. 제1의 아베 총리는 국민으로부터 무기력한 정치가라는 조롱을 받는 등 오명을 기록한 채 얼마 안 돼 총리에서 물러나야 했다. 당시의 악몽을 교훈으로 했던지 2012년 12월 다시 한 번 총리의 기회를 잡은 제2의 아베는 취임 직후 3대 조치를 취했다. 첫째, 10조 3천억 엔 규모의 초대형 재정팽창에 기초하는 아베노믹스를 선언했다. 둘째, 통화팽창을 신속 집행하기 위해 일본은행 신임 총재에 재무관료 출신의 하루히코 쿠로다를 임명했다. 셋째, 아베 총리는 전임 총리가 성공하지 못했던 강경한 구조개혁을 약속했다. 이러한 세 가지 정책표명은 후쿠야마 지진 이후 공황

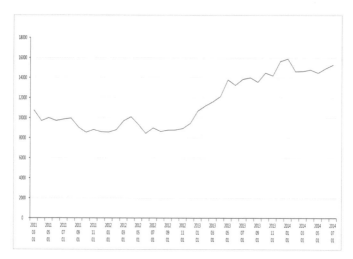

〈그림 1〉 일본 경제지수(2011년 9월 11일~2014년 6월 14일)

상태에 빠진 일본국민에게 자신감을 회복시키고 이로써 아베 총리를 지지하도록 하는 데 성공했다.2)

　지속적 통화팽창으로 일본의 주가는 〈그림 1〉에서 보듯 수직 상승했다. 아베 총리가 주도한 '아베노믹스'는 과감한 정부지출로써 20년 이상 침체에 허덕이던 일본경제를 일거에 끌어올리는 듯했다. 아베 내각 출범 이후 주식시장은 55% 상승했고 소비지출은 년 35% 급상승했다. 그러나 다음 〈그림 2〉에서 보듯 아베의 인기는 과거처럼 수직 하강하

---

2) 강명세, 「일본의 국수주의 방어: 균형을 상실한 일본외교」, 『정세와 정책』, 세종연구소, 2013.6.

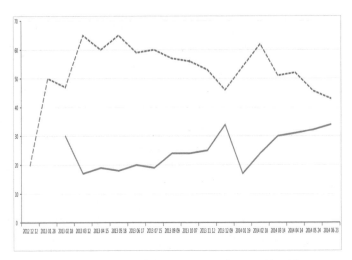

〈그림 2〉 아베 지지도(2012년 12월 12일~2014년 6월 23일)

지는 않지만 우경화가 노골화될수록 아베 내각에 대한 지지도는 6월 23일 아사히신문 여론조사에 따르면 한 때 50% 이상에서 43%로 하락하고 있다. 반대로 아베 정책에 대한 반대는 꾸준히 상승하여 '지지하지 않는다' 응답은 33%에 도달했다.

둘째, 아베 정부가 국수주의와 극우주의를 도구로 하여 일본 투표자를 대거 동원할 수 있는 것은 보다 구조적인 원인에 있다. 일본정치는 냉전 해체 이후 「평화헌법」을 수호하던 사회당의 존재가 무력해지고 구조적으로 극우주의로 흐르고 있다. 사회당과 공산당은 지지는 갈수록 약화되어

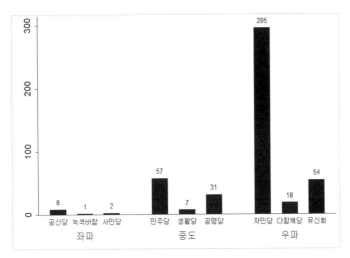

〈그림 3〉 일본의 자민당 보수 지배(2012년 총선결과)

냉전 전까지 〈그림 3〉이 지시하는 2012년 중의원 총선결과를 보면 극우계열의 다함께 당과 유신회가 각각 18석 및 54석을 획득하고 자민당은 295석을 획득했다. 우파 전체는 총 의석의 76.4%를 상회한다.

한편 좌파계열 정당은 냉전 종식과 더불어 사실상 흔적이 사라졌다. 1980년대까지 중의원 의석의 30% 정도를 차지하여 육박했었던 사회당 중심의 진보계열 정당은 집권당은 아니었으나 「평화헌법」 등과 관련하여 자민당의 독주를 어느 정도 견제할 수 있는 제1야당의 역할을 했었다. 그러나 냉전 종식은 일본 야당의 역할로 받아들여졌던 「평화헌법」의 수호는 더 이상 불필요하게 되었고 따라서 사회당과 공산당은 그 존재 의의를 상실했고 의석은 크게 줄었다. 한 편 거대 자민당은 한때 내분으로 양분되어 2009년 중의원 선거에서는 민주당이 309석을 차지하는 한편 자민당은 불 과 119석에 머물렀다. 그러나 민주당의 무기력한 실정으로 아베를 중심으로 한 자민당이 2012년 중의원 선거에서 과 반이 넘는 294석을 차지하여 다시 집권당으로 복귀했다. 이 렇게 2012년 선거에서 자신감을 회복한 아베 정부는 우경 화에 박차를 가하고 있다. 아베 정부가 고노담화의 재조사 하겠다고 나선 점에서 나타나듯 일본 정부가 과거사 전반

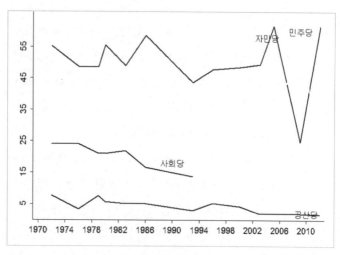

〈그림 4〉 정당체제의 변화(1970~2012)

을 부정하고 나아가 집단안보 등 우경화를 강행하는 것은 바로 일본 정치의 전반적 우경화 구조를 이용함으로써 가능하다.

셋째, 일본이 과거사를 부정하는 것은 종전 방식 자체와 관련이 있다. 일본이 경험한 패전과 종전의 방식은 독일의 그것과 커다란 차이가 있으며 이는 나중에 양국의 역사인식에 중대한 유산으로 작용한다. 독일은 동부전선에서 스탈린의 소련과 직접 전쟁을 했고 상호 막대한 타격을 주었다. 독일이 패전하게 된 중요한 요인의 하나는 소련과의 전쟁이다. 독일은 제2차 세계대전에서 서부전선에서는 영국과 미국 등의 연합군과 동부전선에서는 소련 적군과 대치하느라 양 방향으로 전력을 분산해야 했으며 제1차 세계대전과 마찬가지로 시간이 갈수록 독일에게 불리했다. 소련은 승전국자격으로 미국, 영국 및 프랑스와 함께 독일을 직접 점령했다. 연합국 4개국, 특히 소련은 점령통치를 통해 독일포로를 관리하고 독일로부터 전쟁배상금을 징수했다. 독일은 같은 패전국인 일본에 비해 훨씬 가혹한 점령통치를 당했다. 소련은 대일 전쟁을 선포한 후 며칠 만에 일본이 무조건 항복함에 따라 사할린을 점령하고 파죽지세로 홋카이도를 거쳐 본토로 진격할 태세에 돌입했다. 소련이 일본의 본토를 점령할 수 없었던 것은 미국의 반대 때문이었다.

미국은 태평양 전쟁에서 일본을 굴복시킨 당사국으로서 일본의 항복을 직접 받아내고 단독으로 도쿄를 점령했으며 독일에서와는 달리 대일전쟁에서 희생이 별로 없었던 소련과의 공동지배를 거부했다. 미국의 전략적 관점에서 스탈린의 소련은 이제 전쟁이 끝난 상황에서 냉전의 잠재적 적국이었다.

중국이 공산화되어 이제 냉전이 본격화되는 조건에서 미국은 일본점령에 대해서 독일에서와는 다른 전략을 수립했다. 일본을 공산화의 위협에서 보호하는 것이 미국의 일차적 목표가 되었다. 미국의 이러한 전략수정은 '도쿄 전범재판'과 '뉘른베르크 전범재판'을 비교하면 파악할 수 있다.

1. 도쿄 국제전범재판과 뉘른베르크 국제전범재판

제2차 세계대전을 일으켰던 패전국의 반평화 및 반인류 등 전쟁범죄에 대한 국제사회의 처벌은 독일의 뉘른베르크와 일본의 도쿄에서 국제재판의 형식으로 이루어졌다. 1945년 7월의 포츠담 회의의 결정에 따라 종전과 함께 독일과 일본의 전범에 대한 재판이 시작되었다. 전범재판은 독일의 뉘른베르크에서 먼저 시작했고 여기서 반평화적 범죄를 주도한 전범은 전범 A, 그리고 전통적 전범 및 반인류범죄에 가담한 자를 전범 B, C 범죄로 구분했다. 뉘른베르크의 분류는 도쿄에서 그대로 적용되었다. 뉘른베르크 국제전쟁재판정은 기소된 24명의 전범 중에서 12명을 교수형에 처했다. 도쿄국제사법검찰은 28명의 중범죄자를 기소했고 이중 전쟁내각 수반이었던 도죠를 포함한 7명은 사형, 16명은 종신형, 2명은 종신형 미만 그리고 2명은 재판과정에서 사망했다. 한 명은 정신이상으로 판정되었다. 도쿄 재판은 7명을 사형에 선고한 반면 뉘른베르크는 12명에 사형을 선고했다. 뉘른베르크 재판에서 1946년 10월 1일 괴링을 포함한 주요 나치 지도부는 사형을 선고 받은 후 15일 지난 16일 교수형이 처해졌다. 나머지 12명의 전범은 10년 이상 및 종신형에 처해졌다.

도쿄 전범재판과 뉘른베르크 전범재판은 몇 가지 점에서 중요한 차이가 있다. 첫째, 도쿄 재판은 뉘른베르크보다 늦게 시작한데다 오래 끌어 일반인의 관심이 식었을 무렵 종료되었다. 뉘른베르크 재판은 1945년 11월 1일 시작해서 1946년 10월 1일 종료되었다. 재판소요기간은 11개월에 불과했다. 짧지만 전후 직후 가장 민감한 시기에 재판이 진행됨으로써 많은 공분을 일으켰다. 도쿄 재판은 1946년 5월 3일 맥아더 사령관이 극동국제전범재판정(IMFTE) 개시를 선언하고 재판장에 호주인 윌리엄 웹(William Webb), 검찰관에 미국의 법무차관보 조셉 키넌(Joseph Keenan)을 임명함으로써 시작되었고 2년 반 후인 1948년 11월 4일 종결되었다. 이는 도쿄 재판에 대한 대중의 압력이 뉘른베르크 재판에 비해 약했음을 의미한다. 도쿄 재판에 회부된 28명의 피고의 신상정보는 거의 일반 대중에 알려지지 않았다. 독일의 경우 모든 가정에서 피고의 이름과 죄명이 널리 회자되었다. 다시 말해 일본의 전쟁범죄는 널리 공표되지 않았던 것이다. 일반 대중이 전범에 대해 잘 알고 있지 않았던 점은 나중에 일본 정부가 과거사 반성에 역행하는 데 기여했다. 민주주의에서 대중의 질타와 압력이 없다면 정부는 국가의 범죄에 대해 반성하려 하지 않는다.

둘째, 뉘른베르크 재판에 비해 도쿄 재판의 피고인은 오래 기억되지 않았다. 뉘른베르크 재판 이후 독일가정은 수십 년 동안 전쟁 범죄인의 이름을 거명되었고 나치 체제에 협력했던 정부관리의 실명이 밝혀졌다. 하지만 일본의 경우 "도쿄전범재판에서 기소된 28명의 지도자의 어느 누구도 일반에 공개되지 않았다"(Cohen, 1999: 59). 학문적 연구 역시 독일 전범재판에 대해서는 광대한 문헌이 있으나 일본 전범재판에 대해서는 1971년까지 관심을 두지 않았다. 1971년 베트남 전쟁으로 새삼 전쟁범죄에 대한 관심이 일어나면서 처음으로 도쿄 전범재판에 대한 연구가 등장했다. 특히 일본 밖에서는 도쿄 전범재판은 잊혀졌다. 일본 국내의 경우 전범재판에 대한 보수주의 연구는 전범재판을 일본을 피해자로서 부각시키는 데 이용했다.

셋째, 도쿄와 뉘른베르크의 차이는 전쟁의 종결방식과도 연관된다. 나치 전범에 대해서는 개인적 차원의 범죄가담을 중심으로 한 반면 도쿄 재판은 집단적 행동에 초점을 두었다. 도쿄 전범재판은 연대기적 기록의 서술을 통해 전범행위를 판단하고자 했다. 발생한 행위에 대해 누가 책임이 있는지를 조사하는 것이 아니라 무엇이 일어났는가를 조사하는 데 집중했다. 도쿄재판은 음모론에 입각하여 행위자의 잘못을 조사했다. 반평화 범죄의 음모 도쿄군사재판은 뉘른베르크 국제군사재판에 비해 늦게 시작했다. 도쿄 국제군사재판(IMTHE: International Military Tribunal for the Far East)은 1946년 5월 시작하여 1948년 11월 끝났다. 도쿄 재판이 끝난 즈음에는 책임을 조사하고 추궁하는 것에 대한 관심이 거의 사라졌다.

넷째, 냉전 발발과 미국의 대일정책의 변화이다. 중국의 공산화로 촉발된 냉전은 미국으로 하여금 대일정책을 근본적으로 바꾸도록 했다. 정복자 미국은 당초 일본을 탈군국주의화와 민주화하려던 계획을 전면 재수정했다. 미국의 전략수정으로 전쟁을 지휘했던 일본의 우익 보수세력은 복

권되어 다시 권력을 장악하게 되었다. 전범으로 기소되었던 인사들이 다시 등장했다.

앞에서 말한 역사적 조건의 결합으로 인해 일본은 국가 차원에서 과거사에 대해 통렬하게 반성할 기회를 가지지 못했다. 아니 외적 압력이 전무한 상태에서 자신의 범죄에 대해 반성할 필요가 없었다. 일본이 과거사 반성에 미흡한 이유는 일본인이 종전 후 일본인이 보이는 전쟁에 대한 인식과 연결된다. 국가 차원에서의 과거사 반성이 없었기 때문에 일본인은 일본 정부의 전쟁범죄에 대해 스스로를 변호하려는 사고를 했다.

미국의 일본현대사 역사학자 다우어는 저서(『Embracing Defeat: Japan in the Wake of World War II』)에서 일본은 공식기관은 물론이고 일반인의 과거사 인식에 문제가 있음을 지적했다. 수십만 명의 중국인이 희생된 난징의 만행이 세계적으로 보도되는 순간에도 일본 언론은 이를 국내에 보도하지 않았다(Dower, 1999: 505). 이 같은 태도는 패전 후에도 태도는 나아지지 않았다. 난징 대학살이 도쿄 국제전범재판에서 기소되었을 때 아사히신문의 사설은 이에 관해 어느 신문도 일말의 진실을 보도하지 않은 것은 수치라고 적었다. 1945년 마닐라 학살 역시 일본에서는 보도가 통제되었다. 한국과 대만 등 식민지 사람에게 행해진 가혹행위는 그리 크게 부각되지 않았다. 정부의 보도 통제는 일본인으로 하여금 자신은 가해자가 아니라 피해자로 인식하도록 만들었다.

일본 천황이 패배를 자인하고 미국 점령군이 진주하기 일주일 전 일본의 대표적 소설가 오사라기 지로는 아사히 신문 기고에서 당시의 일본인의 심정을 대변했다. 주위에 늘 가까이 있다가 전쟁으로 떠나간 모든 이들, 즉 거래 출판사, 오로지 대학야구를 즐기던 단골식당 주방장, 자작 시인 의사, 술친구 등등의 명복을 빌면서 새로운 일본의 출발만이 이들의 헛된 죽음을 위로하는 길이라고. 우리는 일본의 대표적 지성의 자성에서도 과거사에 대한 진정한 반성을 발견하기 힘들다. 이것은 단지 일본 정부의 태도가 아니라 일본의 심성 깊은 곳에서 나올지도 모른다. 다우어는 일본인은 전쟁으로 죽은 일본인에 대해서는 '아버지로서, 자매로서, 그리고 형제로서' 인식하면서 일본제국주의가 저지른 수천만의 희생에 대해서는 추상적으로 접근한다고 비판한다. 일본 시민의 잘못은 일본 지도자의 나쁜 지도력에 휩쓸려 잘못된 길로 인도되었다는 인식이다. 이 같은 인식에 따르면 일본인은 가해자인 동시에 피해자이다.

일본인은 독일인과는 달리 전쟁 책임에 대해 타인에게 가해진 범죄가 아니라 일본인 피해자의 행동에 대해 자성하는 태도가 강하다. 전후 직후 기독교인이자 도쿄대학교 총장으로서 패전국 일본인의 책무를 설파했던 난바라의 반응은 대표적이다. 그는 제국주의 시절 학생의 강제징집을 독려하던 인물에서 패전 후에는 일본국민의 반성을 주도한 인물이다. 난바라 총장은 해외의 피해자에 대해서는 침묵했다. 일본인 지도자는 이처럼 일본이 저지른 악행에 대해서는 관대한 반면 새로이 태어나는 것이 패전을 극복하고 죽은 자에게 보상하는 것임을 강조했다. 한국 등 식민지 등과 이웃 나라에 대한 무력침략에 대해서는 반성하지 않았다.

일본이 전후 청산이 이처럼 늦은 것은 정부 정책의 탓도 있지만 보다 더 근원적인 이유가 있다. 일본 시민 자체가 일본국가의 죄악을 소수의 지도자의 잘못으로 치부하고 면죄부를 얻은 탓이다. 면죄부를 만든 것은 일본인 지식인 사회였다. 도쿄대 총장이 죽은 사람과 향후 일본인의 책무를 설파한 위령제에서부터 수십만 부 베스트셀러를 기록한 마이니지신문사의 『20년의 태풍』은 지식인 사회가 일본인을 위로하기 위한 것이었다. 일본인 위로는 내부적으로는 일본의 전쟁책임을 소수 비정상적인 엘리트에게 귀속하는 대신 주변국에게 가한 엄청난 피해에 대해서는 사실상 어쩔 수 없는 전쟁의 이면으로 본다는 점에서 전후 청산을 가로 막았다. 아베 정부의 국수주의가 일본인 다수의 견제를 받지 않고 오히려 과거사 왜곡으로 발전한 것은 우연이 아니다.

2. 일본의 미래

아베 정부의 과거사 왜곡과 우익 국수주의는 변화하는 세계정세와 반전하는 중·일관계에 대한 초조함에서 발현된다. 현재의 일본은 19세기 말의 일본과 전혀 반대의 역사적 국면에 있다. 이는 미래에도 지속될 전망이다. 일본의 과거가 뻗어가는 국력의 분출시기였다면 앞으로의 일본은 지속적 추락만 남아 있다. 이 같은 암울한 미래는 무엇보다도 장기적 경제위기에서 적나라하게 드러난다. 일본은 아시아에서 처음으로 근대화에 성공하여 1867년 서구식 근대국가를 만들었다. 19세기 말 일본은 서구 열강이 했던 것처럼 근대화에 실패했던 한국을 강제로 식민지로 삼고 이미 제국주의 열강에 의해 사분오열되었던 청의 만주를 공격한 후 중국대륙을 침략했다.

〈그림 5〉에서 보듯 일본의 경제는 이미 2011년 중국에 추월당했으며 그 추세는 가속화될 것이다. 미국/중국은 미국 GDP를 중국의 GDP로 나눈 값이며 중국경제가 성장하고 상대적으로 미국경제가 위축됨에 따라 하강 추세를 보인다. 중국/일본은 마찬가지로 중국 GDP를 일본 GDP로 나눈 값이며 갈수록 상승한다. 이코노미스트는 중국경제가 7.5% 미국경제가 2.5%로 성장한다고 가정할 경우 중국은 2019년 미국을 추월할 것으로 예측했다. 군사력 확대는 기본적으

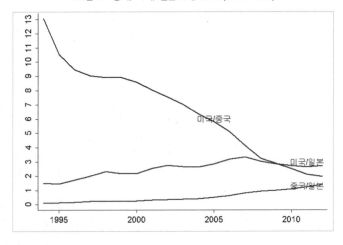

로 경제력에서 가능하다. 일본은 지속될 것으로 예측되는
일본의 경제력을 가지고 상승하는 경제력을 기반으로 한
중국의 군사력과 경쟁할 수 없다. 앞으로 일본 국력이 19세
기 말의 중국처럼 되지는 않겠지만 상대적 열세는 어쩔 수
없는 현실이 될 것이다. 단기적으로 미국과의 연대를 통해
중국의 부상을 최대로 늦추려 하겠으나 장기적으로 구조적
으로 중·일관계는 중국에게 유리하게 전개된다. 일본의 최
대시장은 동아시아이다. 일본경제가 중국과 한국을 포함한
동아시아에 의존하는 정도는 갈수록 높아져 2012년 45.5%
에 달한 반면 동아시아의 대일 무역의존도는 7.5%에 불과

하다. 일본 정부가 이러한 냉엄한 현실을 고려한다면 과거사 문제에 대해 적극적으로 대처하고 한국 등 동아시아 국가와 우호협력의 증진에 노력해야 한다.

참고문헌

강명세, 「미중 정상회담과 G2의 미래」, 『정세와 정책』, 세종연구소, 2011.02.

_____, 「역사적 관점에서 본 동북아 영토분쟁」, 『정세와 정책』, 세종연구소, 2012.11.

_____, 「일본의 우익 국수주의: 균형을 상실한 외교」, 『정세와 정책』, 세종연구소, 2013.06.

_____, 「데자부: 일본의 극우국수주의」, 『정세와 정책』, 세종연구소, 2013.11.

David Cohen, *Beyond Nuremberg: Individual Responsibility for War Crimes*, in Carla Hesse, 1999.

David Cohen & Robert Post, *Human Rights in Political Transitions: Gettysburg to Bosnia*, New York: Zone Books, 1999, pp. 53~92.

John W. Dower, *Embracing Defeat: Japan in the Wake of World War II*, New York: Norton, 1999.

더 읽어볼 책들

• 이안 부루마 지음, 정용환 옮김, 『아우슈비츠와 히로시마』, 한겨레신문
  사, 2002.

일본 역사·문화의 권위자 이안 부루마(Ian Buruma)의 저서 『The Wages
of Guilt: Memories of War in Germany and Japan』을 번역한 책이다.
제2차 세계대전의 두 핵심 전범 국가인 독일과 일본이 전쟁을 어떻게
기억하고 있는지를 생존자와 퇴역군인, 정치가와 좌파 운동가와 우익 국
수주의자, 심판관과 피고인 등의 다양한 시각을 통해 조망하였다. 이 책
을 통해 일본은 자신들이 전쟁의 피해자라는 입장을 강조하고 있는 반면,
독일은 가해자로서의 자신들의 기억들을 고스란히 보관하고 있는 차이
를 파헤친다.

• 이안 부루마 지음, 최은봉 옮김, 『근대 일본』, 을유문화사, 2014.

역시 이안 부루마의 저서 『Inventing Japan 1853~1964』를 번역한 책으
로 현재 일본 문제의 뿌리인 『근대 일본 만들기 프로젝트』의 실상과 한계
를 파헤친 역작이다. 근대화 과정을 거친 일본의 변혁기를 한눈에 알아
볼 수 있도록 제대로 분석하고 있어, 이 책을 통해 일본의 과거와 현재,
미래의 모습까지 조망해 볼 수 있다.

센카쿠제도를 둘러싼
중·일 간 갈등과 동북아

이명찬

고려대학교 중어중문학과를 졸업하고 동 대학원 정치외교학과 국제정치학 석사학위를 마친 뒤, 일본 게이오대학교에서 법학박사(정치학전공) 학위를 받았다. 전공은 일본의 외교·안전보장정책이며, 현재 동북아역사재단 연구위원으로 재직중이다. 주요 논저로는 『동아시아 영토문제와 독도』(공저, 2013), 「센카쿠제도를 둘러싼 중·일 간 갈등과 동북아」(2013), 「헌법9조의 개정과 '보통국가'·'권력국가': '집단적 자위권의 행사'와 관련하여」(2008), 「일본의 외교·안보정책에 나타난 '네 가지 노선': 일본의 외교·안보정책의 이해를 위한 분석틀」(2007) 등이 있다.

센카쿠제도를 둘러싼 중·일 간 갈등과 동북아[*]

1. 서론

미국 시사전문지 『포린폴리시』(1.30보도)는 중·일 간 센카쿠제도(중국명: 댜오위다오·釣魚島)[1] 충돌을 계기로 동아시아에 불고 있는 영토분쟁에 대해, 민족주의의 발흥과 영토갈등의 심화 등이 세계대전을 촉발한 발칸과 유사하다고 지적하였다. 미국은 중립을 지키고 있지만 중·일 대결로 동아시아의 발화점은 센카쿠제도가 될 가능성이 큰 것으로 분석하고 있다.

---

[*] 이 글은 『국제정치논총』 제53집 1호(2013)에 실렸던 논문을 요약 발췌한 것에 약간의 수정을 더하여 작성한 것임을 밝힌다.

[1] 이 글에서는 실효지배하고 있는 국가의 도서명인 '센카쿠제도'를 사용하는 것을 원칙으로 하였다.

≪요미우리신문≫은 센카쿠제도를 둘러싼 중·일 간 관계가 만약 지금과 같은 상황이 지속된다면 양국 간 무력충돌이 일어날 가능성은 매우 크다고 밝히면서, 중국은, 미국의 참전을 피하기 위해 '소규모 전쟁'이라는 방법을 선택할 가능성이 있다고 분석하였다.2) 미국의 외교관과 전문가들은 군사적 위협이 지속되면 상황에 대한 군사적 계산착오로, 최악의 경우, 실제 전쟁으로 이어져 일본과 조약으로 맺어진 동맹관계에 있는 미국이 개입해야 하는 상황이 올 것을 우려하고 있다.

이 글에서는 센카쿠제도를 둘러싸고 험악하게 진행되고 있는 중·일 간 갈등의 실상을 이해하기 위해, 먼저 양국 갈등의 촉발요인인 2010년 9월 센카쿠제도 주변 해역에서 발생한 어선 충돌사건과 2012년 9월 11일 센카쿠 세 개 섬을 일본 정부가 국유화하는 과정을 살펴본다. 이어서 센카쿠제도 분쟁의 쟁점에 대해 정리한 후, 중·일 갈등의 요인을 분석하고자 한다. 다양한 요인들을 경제적 요인과 정치적 요인으로 정리하고, 정치적 요인에 대해서는 중·일 양국의 리더십 요인, 국내정치적 요인 그리고 국제정치적 요인으로 분류하여 기술한다.

---

2) ≪요미우리신문≫, 2012.7.11.

2. 중·일 간 분쟁의 촉발요인

1) 2010년 센카쿠제도(중국명: 댜오위다오) 분쟁

9월 7일 오전, 센카쿠제도 주변의 일본영해 내에서 불법 조업의 혐의가 있는 중국어선에 대해, 해상보안청은 어업법에 근거하여 출입 검사를 하고자 무선 등으로 여러 차례 정선을 요구하였고, 어선은 계속 도주하다 다른 순시선인 '미주기'호에 선체로 충돌하였다. 해상보안청은 이를 의도적인 해상보안관의 출입검사 방해로 보고 공무집행방해혐의로 어선 선장을 체포하여 일본 국내법에 근거하여 기소하였다.

중국은 9월 16일까지 9일간 다섯 차례나 주중 일본대사를 불러 항의하고 여덟 차례 성명을 발표하는 등 일본에 대해 전례가 없는 압박을 가하였다. 중국당국은 당초, 공무집행 방해라고 하는 경미한 죄목으로 체포된 선장의 구류가 48시간 정도일 것으로 판단하고, 사건 발생 초기에는 국내의 반일여론을 조장하여 일본 측의 선장 석방이 중국의 압력으로 실현되었다는 쪽으로 몰고 가고자 했지만 선장은 결국 석방되지 않았다. 그 후 중국 국내에서 반일의 고양을 억누르기 위해 중국 당국은 격렬한 반응을 보이지 않을 수

없었다.[3]

9월 19일 선장에 대한 구속 기간 연장이 발표되자 중국 정부는 일본경제에 대한 '압력' 행사로, 외환시장에서의 엔고円高 유도, 중국으로부터의 일본관광 억제, 중국 국내에서의 일본기업에 대한 사업 인가의 지연, 중국 국내의 인프라 개발 사업에서 일본기업 배제, 일본 제품의 불매운동 등을 전개하였다. 이에 더하여, 아이팟과 하이브리드 자동차, 미사일 등 첨단제품의 필수 재료인 희토류의 일본 수출을 금지시켰다.

중국 정부의 이러한 압력행사에 못 견디고 일본은 24일 나하지검의 차석검사가 돌연 처분 보류로 중국어선 선장을 석방하였고, 석방에 대한 이유를 설명하는 기자회견에서 "일본 국민에 대한 영향, 일·중관계 등을 고려한 판단"이라고 발표하였다. 중국외교부는 25일 선장의 석방에도 불구하고 "중국의 영토와 주권, 중국국민의 인권을 현저하게 침해한 것에 대해 강렬한 항의를 표명한다"라고 성명을 발표하였고, 나아가 일본 측에 사죄와 배상을 요구하였다.

나하지검의 발표가 있고 나서, 일본 여론으로부터 '이후의 일·중관계에 대한 고려'라는 외교적 표현에 대해 비판이

---

3) 《산케이신문》, 2010.9.13.

쏟아졌다.[4] 일본 여론은 '일개 지방의 검사가 이러한 고도의 정치적 판단을 하는 것이 과연 가능하며, 바람직한 것인가?'라고 의문을 제기하며, 정치적 배경에 대해 의혹을 제기하였다. 센고쿠 요시토仙谷由人 당시 관방장관은 "검찰이 수사를 한 결과, 처분 보류라는 현재의 판단으로 신병을 석방하겠다는 보고를 받았는데 그것을 그대로 승인했다"고 말하고, 지검의 판단으로 석방을 결정하고 정부는 그것을 추인했을 뿐이라고 답했다.[5]

센카쿠문제로 중·일 간 외교전이 뜨거워지자, 힐러리 클린턴 미 국무장관은 "센카쿠제도는 미·일안보조약의 대상"이라고 언명하였고, 크로리 미국무차관보는 2012년 8월 16일 기자회견에서 (1) 센카쿠제도는 일본의 시정아래 있고, (2) 미·일안보조약 5조[6]는 일본의 시정하에 있는 영역에 적

---

4) 이 사건과 관련하여 조셉 나이(Joseph S. Nye) 교수는 "일본은 잘 대처했다고 생각한다. 동시에 클린턴 국무장관이 일본을 지지하는 성명(센카쿠제도는 미·일안보조약의 대상 범위라는 취지)을 낸 것에 대해서도 만족한다. 이 건에 대해 일본이 사죄나 배상 등을 할 필요는 전혀 없다고 생각한다"라고 일본의 대응을 지지 하였다. Richard Armitage·Joseph S. Nye Jr., 『日米同盟 vs. 中国·北朝鮮』, 文春親書, 2011, 44쪽.

5) 그러나 사건 발생 1년이 지난 2011년 9월, 간 나오토 정권에서 내각관방참여를 맡았던 마츠모토 켄이치(松本健一)는 산케이신문과의 인터뷰에서, 당시의 간 나오토 수상과 센고쿠 관방장관의 정치 판단에 의한 것이었다고 분명히 밝혔다. 마츠모토는 간 수상이 (뉴욕에서의) 국제연합총회의 중간에 센고쿠에게 전화를 걸어, 석방여부에 대해 서로 의견 교환하였으며, "최종적으로는 간 수상이(석방을) 판단했다"라고 설명했다. (≪산케이신문≫, 2011.9.26.)

6) 미·일안보조약 제5조(공동방위): "각 체약국은, 일본국의 시정하에 있는 영역에 있어서, 어느 한쪽에 대한 무력공격이 자국의 평화 및 안전을 위태롭게 하는 것이라고 인정하고,

용된다는 견해를 표명하고, 따라서 조약이 센카쿠제도에 적용된다고 언급하였다.

일본에게 있어 이 사건은 중국과의 영토문제가 실제 전투로 이어질 위험성이 있다는 사실을 국민 차원에서 느끼게 한 중대한 사건이었다. 도고 가즈히코東郷和彦 교토산업대 교수는 이 사건에 대해 다음과 같이 평했다. "가장 본질적인 의미에서 전후가 끝났다고 생각했다. 2010년 9월 7일 일본은 새로운 시대로 진입했다. 헌법9조라고 하는 이데올로기로 일본을 지켜온 시대가 끝났다. 외교의 끝에 무력충돌이 가능한 시대가 시작되었다."[7]

2) 센카쿠제도 국유화

2010년 9월의 사건 이후 센카쿠제도 주변해역에서 끊이지 않던 중·일 간의 마찰은 2012년 9월 11일에 일본 정부가 사유지였던 센카쿠제도 3개의 섬(우오쓰리 섬, 기타코 섬, 미나미코 섬)을 구입하여 국유화하면서 새로운 장으로 진입했다.

이시하라 동경도지사는 우오쓰리 섬魚釣島를 구입한 후 피

자국의 헌법상의 규정 및 절차에 따라 공통의 위험에 대처하도록 행동할 것을 선언한다."
7) 東郷和彦·保阪正康, 『日本の領土問題─北方四島, 竹島, 尖閣諸島』, 角川書店, 2012, 140쪽.

난항 건설과 등대 정비 등 인프라 건설에 나설 의향을 피력했다. 이에 대해 일본 정부는 해당 제도를 구입하더라도 현 상황을 변화시킬 의향이 없음을 명백히 표명하고, 정부의 의향에 대해, 정치·외교 쌍방의 채널을 통해 중국 측에 전달했다. 동경도에 의한 센카쿠제도 취득보다는 일본 정부에 의한 국유화 쪽이 중국이 받아들이기 쉬울 것으로 외무성은 생각했다. 이 전망이 근본적으로 잘못된 것이었다.[8]

2012년 9월 9일 러시아 극동의 블라디보스토크에서 노다 수상과 중국의 후진타오 국가주석이 약 15분간 선채 대화를 나누었다. 그 자리에서 후진타오는 노다 총리에게 센카쿠제도의 국유화에 대해 강하게 항의했다. 후진타오가 섬의 구입에 강하게 반대한다고 언급한 다음날 10일, 일본 정부는 관계 각료회의를 열고 센카쿠제도의 국유화를 결정했다. 그리고 11일에는 우오쓰리 섬 등 세 섬의 구입과 정부에 의한 관리가 각의 결정되었다.

일본외무성은 국유화에 의해, 센카쿠제도의 현재 상황이 변화 없이 당분간 유지될 것이므로 중국 측의 반발을 최소한으로 억누를 수 있을 것으로 생각했다. 그러나 이는 오산이었다. 중국 측에서 보면 국가원수인 후진타오 주석의 요

---

8) 佐藤優, 「新·帝国主義の時代」, 『中央公論』, 2012年 11月号, 107쪽.

청을 노다 수상이 완전히 무시한 것이 되었다. 관계각료회합이 있었던 10일 저녁 늦게 국유화의 방침을 결정한 후에, 겐바 고이치玄葉光一郎 외상과 야마구치 쯔요시山口壯 차관 사이에 전화로 고성이 오갔다.[9]

야마구치 차관은 "9일 러시아의 블라디보스토크에서 행해진 중·일수뇌회담에서, 중국의 후진타오 국가주석이 센카쿠 국유화에 결사 반대의 의향을 전한 직후에 일본 정부가 국유화를 결정한 것은 후진타오 주석의 체면을 구긴 것이 된다. 11일의 각의 결정은 연기해야 한다. 그렇지 않으면 중국의 전례 없는 반발이 예상되고 큰일 날 것이다"고 강하게 주장하였다.

겐바 외상의 '센카쿠제도 매입' 결정으로 인해 중국에서 거센 반발이 일어났고, 양국의 무역과 외교관계에 부정적인 영향을 미쳤다. 또한 센카쿠제도 주변 해역에서는 중국과 일본의 순시선이 물대포 공격을 주고받으며 충돌했다. 나아가서는 중국과 일본이 각각 '전쟁 대비 군사 훈련 지침'과 '영공침범 시 신호탄 사격 대응책'을 발표하는 등 긴장은 계속되었다.

센카쿠제도 국유화를 둘러싼 중·일 간 갈등 및 중국인들

---

9) 위의 책, 109쪽.

의 반일시위가 격화되고 있는 가운데, 9월 19일 노다 일본 총리는 "이번 센카쿠제도 매입에 따른 중국 측의 반응이나 상호 갈등을 어느 정도 예상하긴 했으나, 당초 예상보다 격렬한 반응을 보였다"며 자신의 판단에 오류가 있었음을 인정하였다.10)

중·일관계가 악화된 것에 대해 일본 사민당 前 평화시민위원회 비서장 후지타 타카카게藤田高景는 "이시하라 신타로 도쿄도지사의 센카쿠제도 '매입' 도발 행위가 이번 사건 악화의 최대 원인이다. 일본 정부, 즉 노다 내각은 잘못된 대처로 과거 중·일의 공통된 인식과 약속을 짓밟았다. '분쟁 보류'라는 공통된 인식이 비록 조약과 성명으로 문서화되지 않았지만 이는 확실히 양국 정부 간의 약속으로, 약속을 했으면 반드시 지켜야 한다. 노다 정부 마음대로 양국의 '분쟁 보류'라는 공통된 인식을 짓밟고 국유화를 추진하여 중국 정부를 격분케 했다는 것이 가장 근본적인 문제"라고 언급하였다.

---

10) 「노다(野田) 日 총리, 중국 측 반응에 대해 언급」, ≪環球時報≫, 2012.9.20.
http://world.huanqiu.com/exclusive/2012-09/3130976.html

3. 센카쿠문제의 쟁점

1) 역사적 관점 vs 국제법적 관점

중·일 간 대립의 제1의 논점은 '청국 관여의 실태'에 관한 것으로 역사상 문서의 검토 결과로서 청국의 지배가 센카쿠제도에 미치고 있었는가 여부이다. 중국 측은 센카쿠제도를 자국령으로 인식하고 있었다고 주장하고, 일본 측은 중국 측이 말하는 인식은 어느 것도 영유권을 확인하기에 적절한 것이 아니었다라고 주장한다.[11]

대립의 제2의 논점은 '선점의 법리'를 둘러싼 국제법의 해석에 대한 것이다. 일본 측의 논거는 설혹 중국 측에게 섬에 대해 역사적으로 어느 정도의 인식이 있었다 하더라도, 영유하고 있다는 것을 국제법상 인정하기 위해서는 보다 확실한 실효적 지배 사실이 필요하고, 그것이 없으면 '무주지'로서 제3국이 영유해도 상관없다는 것이다.

대립의 제3의 논점은 1971년까지 일본이 이 도서에 대한 영유권을 보유하고 있었지만, 중국은 1971년까지 여기에 대해 어떠한 이의도 제기하지 않았다는 것이 일본의 주장

---

11) 東鄕和彦·保阪正康, 앞의 책, 125~131쪽.

이다. 중국 측이 결정적으로 취약한 부분은, 1895년 일본이 영유권을 차지하고 패전에 이르기까지는 물론이고, 일본 패전 후 중화인민공화국과 중화민국이 승전국 입장이 되었으면서도 샌프란시스코 평화조약 체결 시와 그 후에 두 나라 중 어느 나라도 단 한 번도 영토 요구를 하지 않았다는 것이다.[12]

이 주장에 대해 주싱가포르 대만대표부 Eric Huang은 다음과 같이 반박했다. 조어도는 1895년 시모노세키조약에 의해 대만과 함께 일본으로 할양되었으므로, 카이로 선언(1943), 포츠담 선언(1945), 일본의 항복 선언(1945) 중일평화협정(1952)에 따라 대만과 함께 중국에 반환되었어야 했다. 중화민국이 조어도가 미국의 신탁통치하에 있을 당시 이의를 제기하지 않았다는 일본의 주장은 고려할 가치가 없다. 일본은 1900년 조어도의 명칭을 센카쿠제도로 변경하고 오키나와에 편입시켰으나, 1945년 대만이 중화민국에 반환되었을 당시 중화민국은 소위 센카쿠제도가 조어도임을 인지하지 못하였다. 대만과 미국은 군사 동맹관계에 있었으므로 미국이 조어도 인근을 사격장으로 활용하는 데 대해 이의를 제기할 이유가 없었고, 미국도 조어도에 통치권을 행

---

12) 문정인·서승원, 『일본은 지금 무엇을 생각하는가?』, 삼성경제연구소, 2013, 336쪽.

사하지 않았으므로 1972년 오키나와(조어도 포함)의 행정권 이양이 주권의 이양을 의미하지도 않았다.[13]

2) '판단 보류'에 대한 엇갈린 인식

2010년 9월 어선 충돌 사건을 처리하는 과정에서, 간 나오토 정권은 센카쿠제도에 영유권문제는 본래 존재하지 않으며, '판단보류棚上げ'합의 역시 존재하지 않는다고 공식 입장을 표명하였고, 이러한 인식에 근거하여 "국내법으로 엄정하게 대응하겠다"고 발표하였다. 그러나 중국은 1972년의 관계 정상화 과정에서 당해 도서에 대한 대화를 보류하자는 합의가 있었다고 주장하였다.

사실 중·일 간에는 72년 국교정상화, 78년 평화우호조약 체결 시, 센카쿠영유권문제를 '판단보류'하는 것에 암묵의 합의가 있었다. 먼저 1972년의 중·일국교회복시에는 주은래가 "센카쿠제도문제에도 언급할 필요가 없다", "이번에는 말하고 싶지 않다"라고 말했다. 다음으로, 중국이 문화대혁명의 혼란을 수습해 가던 1978년 가을 등소평 부수상(당시)이 일본에 방문하였을 때, "센카쿠열도의 문제는 다음

---

13) Eric Huang 주싱가포르 대만대표부 Deputy Director, "Japan's claim over islands: Taiwan replies", *Straits Times*, 2013.3.6.

세대, 또는 그 다음 세대에게 넘겨서 해결하는 것이 좋겠다"
고 했을 때 일본 정부도 그것을 진지하게 받아들여 중국을
자극하지 않도록 유의하였다.

그러나 등소평이 권력을 강화시켜가던 1992년 2월에 중
국은 전국인민대표대회 상임위원회(7기 24회)에서, '중국인
민공화국영해및인접법'(영해법)을 제정하고, 센카쿠제도(중
국명: 댜오위다오)를 중국영토라고 결정하였다.

중·일 쌍방은 일찍부터 불의의 사고를 피하기 위해 센카
쿠제도 주변을 포함한 어업협정을 체결하였다. 2000년 중
일어업협정은 명백히 센카쿠제도 주변지역을 대상으로 하
며, 서로 자국 어선만 단속하게 되어 있었다.[14] 어업협정의
기본철학은 자국 선박에 대해 적절하게 지도하거나 감독하
고, 위반 사건을 처리하며, 당해 체약국은 상대방 체약국에
위반 사건 처리 결과를 신속히 통보하고(1975년 협정 제3조),
상대국 어선과 직접 접촉하지 않는다는 것이다. 상대국의
공권력과 접촉하면 불필요한 마찰이 발생할 위험이 있으므
로 이를 방지하려는 것이다. 2010년 9월, 일본이 중국 어선
에 중지 명령을 내리고 임검한 것은 명백히 중일어업협정

---

14) 중일어업협정에는 1975년 협정 외에 1997년에 조인되고 2000년 6월에 발효된 2000
년 협정이 있다. 2000년 협정에는 북위 27도 이남 협정수역에서는 기존의 어업질서를
유지한다고 되어 있다. 마고사키 우케루, 『일본의 영토분쟁』, 메디치, 2012, 93쪽.

의 합의 내용에 반하는 행동이었다.[15]

2010년 9월, 당시 일본 정부는 '판단보류', '중일어업협정' 등 기존의 원칙을 하나둘씩 깨트려 버렸다. 중국 어선에 대해 일본 정부는 중일어업협정에 근거하여 처리하지 않고 국내법으로 처리함으로서, 1992년에 센카쿠제도를 중국 령으로 포고하였던 중국도 '국내법으로 엄정하게 대응'할 수 있는 길을 열어준 결과가 되었다.

4. 중·일 갈등의 요인들

중·일 간 센카쿠 문제는 1968년 진행된 '아시아근해지역 광물자원 공동탐사조직위원회CCOP의 조사결과가 발표되면서 갈등이 촉발되었다. 1968년에 UN이 연구한 바에 따르면 이 도서에 석유가 매장되어 있을 것으로 보이기 때문에 이 분쟁의 시작과 격화에서 석유가 중요한 역할을 하였다. 센카쿠제도 분쟁의 근본적인 이유는 주변 해저의 막대한 석유 및 천연가스 자원을 둘러싼 '해양자원 확보' 경쟁인 것이다. 일본에 따르면 이것이 중국이 센카쿠제도의 소유권을

---

15) 위의 책, 95쪽.

주장하게 된 주된 이유이다.

센카쿠제도를 둘러싼 중·일 간 갈등의 배경에는 이러한 경제적 이유 외에도 복잡한 정치적 요인들이 작용하고 있다.

1) 정치적 리더십 요인

2010년 9월 센카쿠제도를 둘러싸고 중·일 간 외교문제가 증폭하게 된 경위에는 당시 국토교통성 장관이었던 마에하라 세이지前原誠司의 친미반중적인 개인의 정치적 성향이 크게 작용한 것으로 보인다. 사건 발생 당시, 그는 국토교통성 장관으로서 나름의 영향력이 있었다. 당시 중국인 선장은 꽤 취한 상태였으며, 중국이 이전에는 보이지 않았던 거친 행동(선체 충돌)을 한 것은 분명했다. 지금까지 일본은 이런 상황에 온건하게 대처해 왔다. 그러나 마에하라를 비롯한 지도자들은 중국 선장의 이런 행위를 그냥 놔둘 수 없다고 판단했고, 당당히 대처하기 위해 국내법에 따라 처벌한다는 식으로 대응했다.

2010년 센카쿠제도를 둘러싸고 충돌이 일어났을 때 중국과 일본 어느 쪽에서도 양국의 감정을 염두에 두고 관계개선에 나서는 사람이 없었다. 자민당 정권 시절에는 중국과 수많은 비공식 채널을 유지했다. 그러나 민주당이 정권을 잡은 뒤, 특히 센카쿠 사건 직후에는 물밑협상이나 비공식 외교채널을 통한 대화가 진행되지 못한 것으로 보인다.16)

2) 국내 정치적 요인

(1) 일본의 국내정치: 반미적 성격의 '동아시아공동체'론

2009년 8월 30일에 실시된 일본 중의원 선거에서 압도적인 다수의석 확보로 집권함에 따라 하토야마 총리는 일본이 미국과의 동맹을 소홀히 하고 중국과의 관계를 중시하면서 미국을 배제한 동아시아공동체 구상을 추진하려고 했다. 하토야마의 「동아시아공동체 구상」의 핵심목표는 「동북아시아 비핵화」와 「아시아 공동통화」의 실현이며, 이를 위해서는 한국, 중국 등과 신뢰관계 형성을 가로막고 있는 「역사인식 문제의 해결」이 필요하다는 입장이었다.

동아시아공통체 구상에 대해 나이 교수는 우려를 표명하였다. 그 이유는 "미국뿐만 아니라 호주, 뉴질랜드 등을 제외한 형태의 공동체는 중국에게 석권되기 때문이다"고 했다. "이것은 일본이 관리하는 '공영권'이 아니고 중국의 통제하에 두는 '공영권'이 될 것이다. 하토야마 씨가 '동아시

16) 문정인·서승원, 앞의 책, 87쪽.

아공동체'를 말했을 때 나도 그의 의도가 명확히 이해가 되지 않았다. 다만, 중·일 양국의 관계를 지금 보다 밀접하게 하는 것이라면 그것은 상관없다. 우리도 양호한 중·일관계를 바라고 있으니까. 그러나 미국을 배제하는 것이라면, 그것은 일본에게 있어서 뿐만 아니라 중국에게도 역효과일 것이다. 중국도 일본도 미국의 시장에 여전히 의존하고 있기 때문이다."17)

나이 교수의 동아시아공동체 구상에 대한 다음의 경고는 미·일관계의 현주소를 짐작케 한다. "만약 미국이 '배제되고 있다'고 느끼게 된다면, 아마도 보복에 나설 것이다. 그것은 (중·일 양국에게) 큰 대가를 치르게 할 것이다."18)

하토야마 총리의 동아시아공동체 구상은 이러한 흐름에 반하여 중국과의 관계를 중시하면서 미국을 배제하고자 하여 미·일관계를 심각하게 손상시켰고, 이에 위기의식을 가졌던 마에하라 등 친미세력이 우발적으로 일어났던 센카쿠제도 사건을 '중국위협론'을 조장하기 위해 이용한 측면이 있었던 것으로 사료된다.

---

17) Richard Armitage·Joseph S. Nye Jr., *op. cit.*, pp. 78~79.
18) *Ibid.*

(2) 중국의 국내정치

센카쿠제도 인근에서 일어난 중국어선 충돌사건은 중국 공산당 내부의 권력투쟁으로 인해 더욱 복잡해졌다. 사건 자체는 우발적으로 일어났지만 이는 곧바로 권력투쟁에 이용됐다. 즉, 후진타오를 공격하는 데 이용된 것이다. 이를 주도한 것이 장쩌민 그룹과 군부 강경파였다. 선장이 석방돼 문제가 일단락되었는데 갑자기 지방에서 반일데모가 일어났다. '대중동원' 형태의 데모였다. 중국의 대일정책은 쉽게 권력투쟁으로 연결되고, '친일'은 공격대상이 되기 쉽다. 과거사문제를 보류한 형태의 '전략적 호혜관계'는 공격당하기 쉬운 것이다.[19]

양국 정부는 타협의 유연성을 제한하고 일체의 타협이 정치적 불이익으로 이어질 수 있는 국내의 상황으로 인하여 자유롭지 못한 상황이었다. 중·일관계 정상화의 진정한 화해를 가로막고 있는 인식의 차이로 인하여 중국과 일본의 양자관계가 붕괴의 위기에 봉착했다. 중·일 양국이 서로에 대해 가지고 있는 감정과 사회적 결속력, 그리고 양국 정부가 정치적 정당성을 강화하기 위해 역사를 이용했다.

니와 우이치로丹羽宇一郎 전 중국대사는 2월 19일, 도쿄도내

---

19) 문정인·서승원, 앞의 책, 203쪽.

의 호텔에서 강연을 통해, 작년 11월에 취임한 중국 공산당의 시진핑 총서기에 관하여 '지지기반이 매우 약하고, 군의 지지를 필요로 하고 있기 때문에, (일본에) 강한 말을 할 수밖에 없다. 본심이 나올 때까지 1, 2년은 걸릴 것이다.'라고 말하며, 센카쿠제도를 둘러싼 중국의 강경자세가 당분간 유지될 것이라는 견해를 나타냈다.[20]

3) 국제정치적 요인

(1) '대등한 미·일관계'론의 허구

민주당정권은 전후 장기간 집권당이었던 자민당이 일본외교의 요체로 여겨왔던 '요시다 노선'에서 벗어나고자 했다. 하토야마 유키오鳩山由起夫 총리는 미국과 보다 대등한 동맹관계를 지향하는 「신시대의 일미동맹」을 주장하였다. 「신시대의 일미동맹」이 표방하는 주요 내용은 "주체적인 외교 전략을 구축하고 일본의 주장을 명확히" 하며, "솔직한 대화를 나누고 대등한 파트너십을 구축"하며, "일·미지위협정의 개정을 제기하고 미군재편과 주일미군기지의 실태 등에 대해서도 계속해서 재평가를 실시한다"라는 것이었다. 하토야마 총리는

---

20) ≪読売新聞≫, 2013.02.20.

'대등한 미·일관계'를 지향한 대표적인 실행 계획으로 후텐마 미군기지의 오키나와현 외부로의 이전을 공표했다.

미·일동맹의 미국 측 핵심적 지지자인 아미티지와 조셉 나이 교수는 하토야마 총리의 '대등한 미·일관계'론에 대해 신랄히 비판하였다. 아미티지는 '대등한 미·일관계' 주장에 대한 첫 인상은 "하토야마 총리가 미일동맹을 제대로 이해하지 못하고 있구나라는 것이었다"고 한다. 왜냐하면 미국이 유지하고 있는 국방비의 규모와 군사력, 그리고 세계 최대의 경제력이라는 점을 생각해보면 미·일관계는 대등하지 않기 때문이다.[21]

'대등한 미·일관계'론의 허구성에 대한 나이 교수의 다음의 지적은 핵심을 찌른다. "정말로 대등한 관계를 만들기 위해서는 일본은 현재처럼 GDP 1%가 아닌 4%를 방위비에 충당하지 않으면 안 될 것이다. 그리고 핵무기를 독자적으로 개발하고, 독자적인 외교를 실현하겠다는 결단을 내리지 않으면 안 된다. 그렇지만 나는 일본이 독자의 핵을 개발하고 방위정책에 있어서 완전한 자주자립을 추구한다고는 생각지 않는다. 물론 그런 의미에서 이 파트너십에는 어느 정도의 불평등이 있는 것이 사실이다. 왜냐하면 미국은 핵

---

21) Armitage and Nye, *op. cit.*, p. 34.

을 보유하고 있는 초대국이고 일본은 그렇게 되지 않겠다고 결정했기 때문이다."[22]

하토야마 총리는 '대등한 미·일관계'론을 주창하며 후텐마 미군기지의 오키나와현 외로의 이전 문제로 미국정부와 심각한 마찰을 빗다가 결국 총리의 자리에서 물러나게 되었다. 하토야마에 이어서 총리에 오른 간 나오토 정권에서는 미·일동맹의 복원이 주요과제가 되었다.

(2) 동아시아에서의 권력 이동(power shift)

지난 10년간 중·일 양국은 커다란 파워시프트(power shift) 속에 있었는데, 최근의 센카쿠제도 문제도 기본적으로는 파워시프트 속에서 일어나는 분쟁이다. 2010년에 중국은 일본을 능가하여 세계 2위, 아시아 제1의 경제대국으로 올라섰다. 중국이 경제적으로 일본을 앞지른 것은 청일전쟁에서의 패배로 아시아의 패권국의 지위를 일본에게 넘겨준 이래 한 세기 여 만에 이루어진 성취로서 각별한 의미를 담고 있다. 즉, 중국인에게 내재된 소위 100년의 치욕의 역사를 청산하고 '중화 부흥'의 실현을 위한 새로운 출발의 의미를 담고 있다 하겠다.[23]

---

22) *Ibid.*, p. 35.
23) 이동률, 「중국의 영토분쟁 유형해결방식과 센카쿠제도 분쟁」(2012년 해외정보부 통합

≪환구시보環球時報≫는 사설에서, 최근 일본이 한국·러시아와 각각 해양 영유권을 놓고 갈등하고 있는 가운데, 일본이 한국과 러시아로 인해 난 화를 센카쿠제도 문제에 풀 가능성이 있어 우려된다고 언급하였다.[24] "중국은 영토문제에 있어 한국과 러시아 측 입장을 지지하고 그들과 함께 일본에 대응해야 한다. 한·일 간 독도분쟁은 좀처럼 해결될 기미를 보이지 않고 있으며, 독도분쟁으로 인해 한·일 양국의 단결이 더욱 어려워지고 있다. 이는 지정학적 측면에서 볼 때 중국에 매우 유리한 상황이다. 중국은 센카쿠제도 문제에 있어 양안과의 협력, 한국·러시아의 지지, 미국의 중립적 태도를 이끌어 내어야 하는 동시에 큰 틀에서의 전략이 얼마나 중요한지를 잊어서는 안 된다"고 주장하였다.

그러나 한편으로는 이러한 중국의 바람과는 달리, 베트남과 필리핀의 정부 관계자는 한국에게 對중국 견제 의지를 부추기는 견해를 드러냈다. 前 베트남 주광저우廣州 총영사는 "한국이 일본과의 도서분쟁을 겪으면서 중국이 파놓은 함정에 빠졌다. 한국은 중국과의 이어도분쟁을 잊어서는 안 된다"고 언급하였다. 그는 또 "중국이 지금은 한국과

정세 세미나 발표문), 2012, 12쪽.

24) (사설) 「일본이 한국·러시아에 당한 화를 센카쿠제도에 푸는 것 막아야」, ≪環球時報≫, 2012.8.11. http://opinion.huanqiu.com/1152/2012-08/3015156.html

어떠한 이견도 없는 것처럼 행동하면서 일본과의 싸움에만 집중하도록 하고 있지만 중·일 간 갈등이 완화되면 다음 표적은 바로 한국이 될 것"이라고 지적하였다.[25] 이러한 양측의 주장은, 한국이 독도와 이어도문제에 대응함에 있어 얼마나 어렵고 미묘한 입장에 처해있는가를 말해 준다.

(3) 미국의 동아시아로의 귀환

하토야마 총리가 미 정부와 마찰로 물러나고 6월 출범한 간 나오토菅 直人 내각이 대외정책의 기조를 미·일관계 중시로 선회함으로써 중·일관계가 미묘해지던 시기에 센카쿠제도 분쟁이 발생하였다. 중국은 이번 분쟁에서 일본 정부가 선장의 구금 등 전례 없이 강경하게 나온 배경에 다분히 미국을 의식한 측면이 있다고 보고 있다. 즉, 일본이 최근 일련의 미·중 간 갈등을 이용하여 중·일 간 분쟁에 미국을 끌어 들이고자 한 것이고 미국 역시 이 분쟁을 동아시아로의 미국의 복귀를 실현하고 중국의 부상을 견제하려는 의도가 있다고 보고 있는 것이다. 이러한 양국 간 세력관계의 근본적 변화는 양국 모두 매우 이례적으로 강경한 대응을 하게 한 환경적, 구조적 배경이 되었다.

---

25) 베트남·필리핀 정부 관계자, 「韓·日 끌어들여 중국에 맞서자」, ≪新華網≫, 2012.8. 20. http://www.803.com.cn/2012/08/84840.shtml

5. 결론

　센카쿠제도를 둘러싸고 중국과 일본 사이에 진행되고 있
는 험악한 외교적 갈등은 먼저 일본의 실수에서 출발, 확대
되었다. 2010년 9월, 간 나오토 정부는 센카쿠제도 주변 해
역에서 중국어선 선장을 국내법으로 엄정히 징벌하고자 함
으로서, 그때까지 중·일 간에 유지돼 오던 '판단 유보'의 암
묵적 합의를 깨트리게 되었다. 그 결과 이 문제로 인해 중·
일 간에 무력충돌이 가능한 시대로 진입하게 되었다.

　일본 민주당 정부의 위기관리능력의 부족은, 작은 사건
을 큰 갈등으로 번지게 하고 여론을 들끓게 하였다. '센카쿠
제도 매입' 과정이 민주당 정부의 위기관리능력의 부족을
보여준다. 후진타오 국가주석이 센카쿠 국유화에 결사반대
의 의향을 전한 직후에 일본 정부가 국유화를 결정한 것은
후진타오 주석의 체면을 구긴 것으로, 이후 중국의 강경대
응에 불을 붙인 격이 되었다.

　센카쿠제도 문제를 본질적으로 어렵게 하는 것은, 중국
이 주장하는 '역사적 근거'와 일본이 주장하는 '선점의 법
리'간 비대칭 대립인데, 이 논점에서 핵심은 센카쿠제도가
역사적으로 무인도였다는 것이다. 중국의 오랜 문헌에 영
유의식을 나타내는 것으로 생각되는 기술이 있었지만, 실

제로 무인도에 사람을 파견시키지는 않았다. 즉, 일본의 주장은 '실효지배는 하지 않았다'는 문제가 있다는 것이다.

2010년 9월, 중·일 간 충돌이 확대된 배경에는 당시 국토교통성 장관이었던 마에하라 세이지前原誠司의 친미반중적인 개인의 정치적 성향이 크게 작용한 것으로 보인다. 중국과의 관계를 중시하면서 미국을 배제하고자 한 하토야마 총리의 동아시아공동체 구상은 미·일관계를 심각하게 손상시켰고, 이에 위기의식을 가졌던 마에하라 등 친미세력이 '중국위협론'을 극대화하기 위해 이용한 것이 센카쿠제도 사건이라고 생각된다.

결론적으로 센카쿠제도를 둘러싼 중·일 간 분쟁의 가장 근원적인 요인은, 중국인에게 내재된 소위 100년의 치욕의 역사를 청산하고 '중화 부흥'의 실현을 위한 새로운 출발을 가능하게 하는 '파워시프트'라 하겠다. 중·일 간 센카쿠제도문제는 더 이상 사실의 문제나 상호 이익의 문제가 아닌 국가의 명예에 관한 문제가 되고 있다.

참고문헌

고봉준, 「동아시아 해양영토분쟁과 미국」, 『민족연구』 통권 제53호, 2013년 봄.

마고사키 우케루, 『일본의 영토분쟁』, 메디치, 2012.

문정인·서승원, 『일본은 지금 무엇을 생각하는가?』, 삼성경제연구소, 2013.

이동률, 「중국의 영토분쟁 유형해결방식과 센카쿠제도 분쟁」(2012년 해외정보부 통합 정세 세미나 발표문), 2012.12.17.

이명찬, 「2010년 9월 일·중 간 센카쿠제도 분쟁과 독도」, 『국제문제연구』 제11권 제2호(통권 42호), 2011년 여름.

하도형, 「중·일 센카쿠제도 분쟁양상의 변화와 요인에 관한 연구」, 『민족연구』 통권 제53호, 2013년 봄.

Richard Armitage·Joseph S. Nye Jr., 『日米同盟 vs. 中国·北朝鮮』, 文春親書, 2011.

岩下明裕, 『日本の国境·いかにこの「呪縛」を解くか』, 北海道大学出版会, 2010.

浦野起央, 『尖閣諸島·琉球·中国』, 三和書籍, 2010.

江崎道郎, 「日本の尖閣防衛世論が変えたアジア情勢」, 『正論』, 2011年 9月号.

岡田 充, 「'ボタンの掛け違え'はなぜ起こったか」, 『世界』, 2010年 12月号.

櫻井よしこ·田久保忠衛·潮匡人·山田吉彦, 「中国の侵略に屈した民主党政権」,

『Will』, 2010年 12月号.

佐藤優, 「新・帝国主義の時代」, 『中央公論』, 2012年 11月号.

島本順光外, 『尖閣諸島が危ない』, 防衛システム研究所, 2010.

東郷和彦・保阪正康, 『日本の領土問題—北方四島, 竹島, 尖閣諸島』, 角川 書店, 2012.

高原明生, 「中国にどのような変化が起きているか」, 『世界』, 2010年 12月号.

蔡 増家, 「尖閣騒動で中国の『和平屈起』は終わる」, 「世界」, 2010年 12月号.

中西輝政, 「日本を蝕む中国認識『四つの呪縛』」, 『Will』, 2011年 3月号.

「列島周辺はすでに戦時日本人よ覚醒せよ」, 『正論』, 2011年 2月号.

「対中冷戦最前線, 'その時'に備えはあるか」, 『正論』, 2010年 12月号.

「日本は'大儀の旗'を掲げよ」, 『Will』, 2010年 12月号.

中嶋嶺雄, 「『日中友好外交』の陥穽としての尖閣問題」, 『Will』, 2010年 11月号.

中村秀樹, 『尖閣諸島沖縄海戦自衛隊は中国軍とこのように戦う』, 光人社, 2011.

西村眞悟, 「我が平和論—中国を'刺激'せよ」, 『正論』, 2010年 12月号.

平松茂雄, 「中国が西太平洋に機雷を敷設する日」, 『正論』, 2010年 12月号.

藤岡信勝, 「検証ドキュメント'2010年9月の尖閣事件'」, 藤岡信勝・加瀬英明 編, 『中国はなぜ尖閣を取るに来るのか』, 自由社, 2010.

森本敏 編, 『漂流する日米同盟』, 海竜社, 2010.

森本敏・岡本行夫, 『日米同盟の危機—日本は孤立を回避できるか』, ビジネ ス社, 2007.

山田吉彦, 『日本の国境』, 新潮新書, 2005.

山田吉彦, 「聞け, 海上保安官たちの声なき声を」, 『正論』, 2011年 2月号.

M. Taylor Fravel, "Regime Insecurity and International Cooperation:
   Explaining Chaina's Compromises in Territorial Disputes", *International
   Security* 30-2, Fall 2005.

더 읽어볼 책들

• 고봉준·하도형·이명찬 외, 『동아시아 영토문제와 독도』, 동북아역사재단, 2013.

일본이 동아시아에서 중국·러시아와 벌이는 영토분쟁이 독도 문제에 미치는 영향을 짚어본 연구서이다. 센카쿠제도(중국명 댜오위다오)의 영유권 문제를 둘러싸고 외교적 공방 속에 표출되고 있는 중국과 일본의 입장에 대한 연구, 쿠릴열도 네 개의 섬 반환문제로 지루한 공방을 하고 있는 일본과 러시아의 영토정책에 대한 연구, 동아시아 영토문제에 대한 미국의 입장과 영토분쟁의 해결사례에 대한 연구 등 총 7편의 논문으로 구성되어 있다.

• 마고사키 우케루 지음, 김충식 해제, 양기호 옮김, 『일본의 영토분쟁: 독도·센카쿠·북방영토』, 메디치, 2011.

일본외무성 출신의 외교전문가인 저자가 최근 독도, 센카쿠열도, 북방영토 등에서 한·중·러와 대치 국면을 맞고 있는 일본의 속내를 밝히고, 동아시아 차원의 평화적인 해법을 제시한 책이다. 일본의 영토는 제2차세계대전 패전 후 샌프란시스코 회담에 따라 주요 4개 섬과 그 부속도서로 규정되었음을 역사적 사료와 함께 제시하며, 영토분쟁이 발생한 것은 내셔널리즘을 조장해서 이익을 보려는 동아시아 각국의 정치인들 때문이라는 분석을 내놓고 있다.

• 유철종, 『동아시아 국제관계와 영토분쟁』, 삼우사, 2006.

동북아시아와 동남아시아의 대표적인 영토분쟁 사례인 6개(독도, 간도, 녹둔도, 북방4도, 조어대열도, 남사군도)를 지역연구 및 영토분쟁에 대한 접근방법을 통해 객관적이고 종합적으로 다룬 책이다. 이를 통해 21세기에 전개될 한반도와 동아시아 지역의 영토분쟁에 관한 폭넓은 이해를 얻을 수 있다.

• 이정태, 『신중국의 해권과 해양영토』, 대왕사, 2005.

최근 5년 간 국방비를 두 배로 증액하고 태평양으로 세력을 확대하고 있는 중국의 외교 정책과 군사 전략을 다룬 책이다. 지금도 여전히 발전 중에 있는 전형적인 신흥대국인 중국이 세계시장경제체제 진입 이후 해양권익의 분포가 더 넓어졌고, 해권 실현의 내부수요와 외부압력이 동시에 커졌음을 밝히고, 현재 중국의 입장에서는 해권 구축이 필수적임을 여러 자료를 통해 논증하고 있다.

동아시아 방공식별구역과
이어도 해역갈등의
해법 모색

김동전

제주대학교 사학과를 졸업한 뒤, 단국대학교 대학원에서 석사와 박사학위를 받았다.
현재 제주대학교 사학과 교수 및 재일제주인센터장을 맡고 있다. 『한국지방사 연구현황
과 과제』, 『지방사연구입문』, 『한국문화와 제주』, 『19세기 제주사회연구』 등의 공저
와 「18세기 후반 제주지역 공노비의 존재양태」, 「조선후기 제주 대정현 호적중초의
기초적 연구」, 「이어도와 이어도과학기지에 대한 역사학적 인식」 등 제주 역사에
대한 다수의 논문이 있다.

동아시아 방공식별구역과
이어도 해역갈등의 해법 모색*

2013년 11월 23일 중국은 동중국해 상공에 '방공식별구역
(ADIZ: Air Defense Identification Zone)'을 선포하였다. 방공식별
구역이란 군사·안보상 적국의 항공기를 식별하여 무력 대응
할 목적으로 영공 외곽의 일정지역 상공에 설정한 공중구역,
즉 배타적 공간이다. 다시 말해 국가가 선제적 방어를 위해
군사적 조치를 취할 수 있는 구역으로써 '준영공'으로 통한
다. 중국이 새로이 설정한 방공식별구역에는 중·일 간 해양
영유권 분쟁이 야기되는 센카쿠열도尖閣列島(중국 명칭 〈댜오위

---

* 이 글은 필자의 「이어도와 이어도과학기지에 대한 역사학적 인식: 동아시아 해역 갈등의
  해법 모색을 위해」(『한국학연구』 32, 인하대 한국학연구소, 2014.2)를 토대로 재구성되
  었음을 밝힌다.

다오釣魚島)), 한국의 이어도가 포함되어 있다. 특히, '해양대국'을 표방하고 있는 중국이 영향력을 확대해 나갈수록 동중국해뿐만 아니라, 남중국해에서 주변 국가들과의 분쟁이 불가피할 수밖에 없다. 이는 곧 아시아 지역의 갈등을 넘어 세계분쟁으로 언제든지 확대될 수 있는 여지가 있다.

한국과 중국, 일본 등 동아시아 3국의 방공식별 중첩구역에 포함되어 있는 '이어도leodo' 해역 갈등이 예견되고 있다. 따라서 이에 대한 역사학적 인식을 토대로 동아시아 해역 갈등의 해법을 찾아보고자 하였다. 이어도 종합해양과학기지라는 인공구조물이 설치된 이어도는 북위 32도 07분 22.63초, 동경 125도 10분 56.81초 지점으로 한국 최남단 마라도 서남쪽 81해리(149km), 중국 저장성 저우산군도浙江省 舟山群島의 가장 동쪽에 위치한 섬인 퉁다오童島의 북동쪽 133해리(247km), 일본 도리시마鳥島 서쪽 149해리(276km)에 위치한다.

주변 해역은 수심 50m 정도로서 크기는 남북 1,800m, 동서 1,400m이며 암초정상이 해수면 아래 4.6m에 위치한다. 따라서 이어도는 해수면 아래에 있는 수중암초로 유엔해양법상 영토는 아니다. 따라서 해양법상 이어도는 섬으로서의 법적 지위를 갖지 못한다. 따라서 영유권을 주장하거나, 이를 근거로 EEZ나 대륙붕 등 해양 관할수역을 설정하거나 연안국의 해양관할권 확장을 위한 기점으로 삼으려는 시도는 아무런 법적 효력이 없다. 그러나 이어도 및 그 주변수역은 경제적, 해양과학적, 군사적으로 동아시아해역에서 한·중·일 3국의 이익이 교차하는 매우 중요한 지역이다. 이어도에 대한 명칭도 다양하게 전해지고 있다. 1901년 영국 해군 측량선 Water witch 호에 의해 Socotra Rock이라 명명된 후 한국에서는 파랑도波浪島·波浪礁, 이어도, 이어도 종합해양과학기지, 중국은 쑤엔자오蘇岩礁, 일본은 波浪處(波浪ス) 등 다양하게 명명하고 있다.

1. 동아시아 3국의 방공식별구역

방공식별구역防空識別區域은 제2차 세계대전 당시인 1940년 미국이 해안가로부터 공습하는 적을 방어하기 위하여 일방적으로 선포한 것이 그 시초이다. 이는 국제법적 권한을 가지지 않는 해당국이 국제법상 자위권에 근거한 일방적 조치이다. 영해領海는 일반적으로 해안선으로부터 12해리의 범위까지 설정된다. 이러한 영해 밖은 국제법상 공해의 자유가 인정되기 때문에 공해 상공에서는 민간 또는 군용항공기의 자유로운 비행이 가능하다. 그러나 각국은 방공식별구역을 일방적으로 설정하여 국제법상 자위권에 근거해 그 구역에서의 공해 자유를 사실상 축소, 제한하고 있다.

한국의 방공식별구역은 한국전쟁 당시인 1951년 미국 공군이 한반도지역으로 접근하는 비행물체에 대한 사전탐지, 식별 및 적절한 조치를 위해 처음 설정하였다. 2013년 12월 8일에는 군항공작전의 특수성, 항공법에 따른 비행정보구역의 범위, 국제관례 등을 고려하여 한국방공식별구역의 범위를 새롭게 조정하였다. 새로운 한국방공식별구역은 기존 한국방공식별구역의 남쪽 구역(북위 34도 17분 이남)을 국제적으로 통용하고, 인접국과 중첩되지 않는 인천 비행정보구역(IFIR: Inchoen flight information region)과 일치되도록 조정하였다. 이 조정구역에는 마라도와 홍도 남쪽의 영공과 이어도 수역 상공이 모두 포함되어 있다.

중국 공군의 방공식별구역(CADIZ: China Air Defense Identification Zone)은 중국대륙 지역으로 접근하는 비행물체에 대한 사전탐지, 식별 및 적절한 조치를 위해 설정된 구역을 말한다. 댜오위 섬(센카쿠 섬) 주변 상공은 이 구역에 속하고 있다. 또한 이어도 종합해양과학기지가 설치된 이어도 상공도 이 구역에 포함된다. 중국의 방공식별구역 선포는 중국 본토에 진입하는 미확인 비행물체에 대한 조기경보를 통해 국가안보를 담보하기 위한 목적이 일차적이다. 그러나 이외에도 중국 연안에서 해양 이익의 적극적인 보호와 이어도,

센카쿠열도, 남중국해의 서사군도西沙群島와 남사군도南沙群島에 대한 관할권 및 영유권 주장을 강화할 필요성이 있었던 것이다. 중국이 선포한 방공식별구역의 문제는 공해상의 비행 자유 침해, 주변국과의 사전 협의 없이 일방적으로 선포함으로써 주변국의 방공식별구역과 중첩되고 있다. 따라서 한국의 이어도와 일본이 영유권을 주장하는 센카쿠열도를 포함함으로써 서로의 갈등을 야기하고 있다.

1969년 선포한 일본 항공자위대의 방공식별구역(JADIZ: Japan Air Defense Identification Zone)은 일본 열도 지역으로 접근하는 비행물체에 대한 사전 탐지, 식별 및 적절한 조치를 위해 설정된 구역을 말한다. 이어도 주변 상공은 이 구역에 속하고 있다. 본래 1951년 한국전쟁 당시 미국 태평양 공군이 방공식별구역을 설정할 때 이어도는 제외되었는데, 1969년 일본이 방공식별구역을 설정하면서 자신들의 구역 안에 이어도를 포함시켰다. 이에 한국이 재설정을 요구하자 일본은 이어도를 제외하면 독도를 방공식별구역에 포함시키겠다며 갈등을 빚기도 하였다.

한·중·일의 방공식별구역 발표 및 조정으로 한국은 이어도, 중국은 댜오위다오釣魚島, 일본은 센카쿠열도, 미국은 미 공군 폭격훈련장(고비쇼, 세키비쇼)이 서로 갈등할 가능성이 높아졌다. 동아시아 3국은 일방적인 방공식별구역을 서로 인정하지 않고 있다. 특히, 〈그림 1〉에서 보는 바와 같이, 한·중·일 3국의 방공식별구역이 서로 겹치는 지역의 조정은 현재 서로 불가능해 보인다.

〈그림 2〉는 2013년 12월 8일 한국의 국방부가 새롭게 발표한 한국방공식별구역의 구체적인 내용이다. 기존에 포함되지 않았던 마라도, 홍도, 이어도 상공을 포함시킴으로써 이들 해역에 대한 관할 의지를 적극적으로 표명하였다. 방공식별구역으로 불거진 동북아의 역학관계 변화는 향후 이 지역의 갈등을 예견하고 있다. 21세기 세계 중심축이 미국에서 아시아로 이동하면서 중국의 부상, 일본의 재무장화, 동북아 패권을 유지하려는 미국의 전략 등으로 동아시

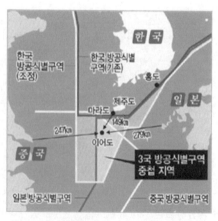

〈그림 1〉 한·중·일 3국의 방공식별구역 현황
(≪세계일보≫, 2013.12.8)

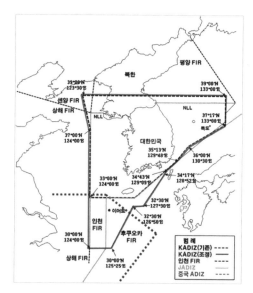

〈그림 2〉 한국방공식별구역(KADIZ)(《뉴스1코리아》, 2013.12.8)

아의 해역 갈등이 본격화되고 있는 실정이다.

2. Socotra Rock의 발견 과정

인공구조물인 이어도 종합해양과학기지가 설치된 곳은 영국에서 소코트라 암초(Socotra Rock)라 부르는 곳이다. 소코트라 암초가 발견되기까지 3번의 사고가 보고되었다. 첫째, 1868년(고종 5) 미국 태평양 우편 증기선 회사 소속의 상선 코스타리카(Costarica)호가 동아시아해역을 항해하다가 해도상에 표시되지 않은 북위 32도 10분, 동경 125도 3분에서 미확인 암초에 부딪치는 사고가 발생하였다. 이때 영국 해군 수로국 소속 측량선 실비아(Sylvia)호가 이 암초를 확인하고자 하였으나 실패하였다. 코스타리카호는 요코하마에서 중국 상해를 왕복하는 노선을 운행하던 배로 중국인과 일본인의 아메리카 이민을 가능하게 했던 선박이다.

둘째, 1896년 영국 해운회사 소속 증기선 상하이(Shanghi)호가 북위 32도 1분, 동경 120도 10분에서 9패덤의 소리를 포착했음을 영국 해군 수로국에 보고하였다. 1896년 12월에 영국은 이를 구체적으로 확인하기 위하여 측량선으로 해군함정 플로버(Plover)호를 파견하여 조사하였으나 수면 밑에 존재하는 암초를 발견하는 데는 실패하였다.

셋째, 일본에서 상하이로 항해하던 증기선 소코트라호가 1900년 6월 5일 밤(오후 9시 40분)에 북위 32도 9분, 동경 125도 7분에서 암초에 조금 스치는 접촉사고가 발생하였다. 나중에 배를 수리하려고 도크에 들어갔을 때, 손상된 밑바닥 부분에 진흙과 돌들이 붙어 있는 것을 발견하였다. 이에 영국 해군성에서는 이 지역을 항해 위험지역으로 선포하였다. 영국 해군성은 만일에 닥칠 해양사고 등을 염려하여 그 이듬해인 1901년에 영국해군 선적의 측량선 워터 위치(Water witch)호를 파견하였다. 1901년 7월 28~30일에 북위 32도, 동경 125도에 머무르면서 암초를 측량한 것으로 보인다. 당시 워터 위치호는 보르네오 북서해안을 측량하고 중국으로 가는 도중에 소코트라호가 보고한 해역에서 수심 18피트(약 5.5m)밖에 안 되는 암초를 확인하여 측량하고는 처음 발견해서 보고한 선적의 이름을 따서 Socotra Rock이라 해도에 표기하였다.

1901년 8월 16일 일본 해군 수로국이 영국 측량함 워터 위치호의 험초險礁 측량 결과를 수로고시水路告示 제1250호로 발표하였다. 영국 워터 위치호의 측량 결과, 북위 32도 7분 15초, 동경 125도 11분의 바다 밑에서 험하게 솟아오른 화산 모양의 첨암尖岩 정상에 석화점초탄石花點礁灘이 있음이 보고되었다. 그리고 그 북동에서 남서에 이르는 길이 약 1/4해리, 폭 약 60마碼(영국 척도 단위), 가장 얕은 쪽은 18척이 확인되었다. 또한 이 탄灘위로 격렬한 파랑波浪이 일어나는 것으로 나타났다. 이 석화점초탄은 1868년(일본 연호로 명치 원년) 보고한 '코스타리카'호의 파랑초波浪礁, 1900년(명치 33) 6월의 '소코트라'호와 1900년 9월 '추엔'호의 천탄淺灘, 1900년 10월 '보무베-'호의 변색수變色水라 보고한 것과 같은 것으로 추정된다.

3. 1938년 일본의 인공섬 계획

Socotra Rock에 인공구조물인 인공섬 건립을 가장 먼저 계획했던 국가는 동아시아 3국에서도 일본이었다. 일본은 1937년 대륙진출을 위해 중·일전쟁을 일으켰고, 그 이듬해 인 1938년에는 나가사키~오도五島~제주도~스코트라 암초波浪ス~화조산도~상해를 연결하는 920km의 해저케이블 수립 을 계획하였다.

〈그림 3〉에서 보는 바와 같이, 일본 나가사키에서 시작한 전화 케이블은 고토열도에서 제주도 남쪽 육상으로 이어지 고, 소코트라 암초에 인공섬을 만들어 중계 기지를 건설하

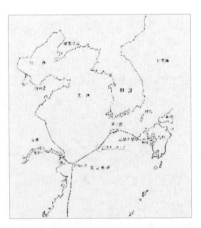

〈그림 3〉 나가사키~상해 케이블 수립 계획도

여 중국 화조산도花鳥山島를 거쳐 상해로 이어지도록 계획되어 있었던 것이다. 당시 제주도 육상의 케이블 매설은 고토열도에서 해저海底를 따라 제주도 동쪽 성산포로 들어와서 제주도 남쪽인 표선, 남원, 서귀포, 중문, 안덕, 모슬포를 거쳐 다시 해저로 들어가는 것으로 계획되었다.

제주도를 지나 소코트라 암초의 인공 섬으로 연결되도록 계획된 해저케이블은 계획에 머무르고 말았다. 즉, 일본은 1938년부터 해저전선 중계기지 설치를 목적으로 인공구조물을 직경 15m, 수면 위에 35m의 케이슨 설치를 소코트라 암초에 시도할 예정이었으나, 태평양전쟁 등으로 이 계획은 실현되지 않았다.

소코트라 암초가 파랑도 및 파랑초로 불리게 된 것은 일본 해도에 '波浪ス'라 표기하면서이다. 이는 이 주변 해역이 중국연안수와 대만난류가 서로 교차하면서 많은 파도를 일으킨다는 의미에서 비롯된 것이다. 스코트라 암초는 국내에서도 파랑도波浪島 또는 파랑초波浪礁로 표기하였다.

4. 이승만 정부의 파랑도 탐사

해방 후인 1950년대 한일회담의 가장 중요한 문제는 청구권과 평화선이었다. 평화선은 현실적으로 해양어민들이 수산경제라는 생존권 문제와 직결된 것이었고, 나아가 이는 해양주권과 밀접한 관련성을 가지고 있었다.

한·일 간에 동해를 둘러싼 쟁점은 맥아더 라인, 한국의 평화선, 일본의 ABC선이었다. 맥아더 라인은 맥아더가 1945년 9월 선포한 것으로 1946년 6월과 1949년 9월 두 차례에 걸쳐 확대되었다.

그런데 맥아더 라인은 1951년 9월 8일 연합국과 일본 사이에 샌프란시스코 강화조약이 체결됨으로 인하여 실효성을 상실하였고, 1952년 4월 샌프란시스코조약 발효와 더불어 폐지되었다. 한국은 1952년 1월 18일 주권국가의 공해어업의 국제조약 체결의 실례에 기초하여 수산자원보호관리수역에 관한 해양주권을 선포하였다. 이것이 곧 이승만의 평화선 선포였다. 이는 한국이 최장 200해리에 해당하는 수역과 해저 대륙붕에 관한 주권을 보호 유지한다는 내용을 담고 있다. 일종의 배타적 어로수역을 선언한 것이다.

평화선 선포에 앞서 한국정부는 파랑도 문제를 놓고 일본과 갈등이 빚어지고 있었다. 1951년 7월 20일 워싱턴에서 보내온 신문기사에 의하면, 한국은 대일강화조약에의 참가를 강력히 요구하고 있었다. 당시 주미 한국대사 양유찬 박사는 19일 트루만 대통령의 대일강화 특사 존 포스터 덜레스를 방문하여 대일강화조약에의 참가를 통고하였다. 그 목적의 하나로 한국과 일본 사이에 있는 파랑도와 독도를 한국이 소유하기 위한 것이었다. 한·일 간에 어업권 분쟁이 발생하지 않도록 맥아더 라인을 유지하기 위하여 주미 한국대사는 한국이 조선 해안에 있는 대마도를 요구하는 대신에 파랑도와 독도를 요구하였다. 특히, 독도와 더불어 한국에 귀속되어야 할 곳으로 파랑도를 매우 주목하고 있었다.

즉, 한국은 북위 32도 35초, 동경 120도에 위치하고 있는 수중 암초인 파랑도를 '바위로 된 작은 섬'으로 인식하고 있었으며, 중요한 어장의 하나인 파랑도에 일본이 진출하여 어획물을 독차지하고 있으므로 이를 저지할 필요성이 있었다. 수중 암초로 파랑도는 엄연히 섬이 아니었음에도 불구하고 한·일 간에 첨예한 갈등이 야기되고 있었던 것이다. 이에 파랑도가 지리적으로 한국에 가까울 뿐만 아니라, 한국의 해역이라는 물적 증거를 다방면으로 입수하는 데 주력하였다. 파랑도는 영토문제, 수산업, 군사적으로 중요한 지역으로 한·일 양국이 인식하고 있었다.

결국 이승만 정부는 샌프란시스코의 대일강화조약을 계기로 제주도 서남 해상에 위치한 파랑도에 대한 일본의 진출을 저지하고, 우리의 영토권을 확보하고자 하였다. 파랑도 탐사를 위해 조사단 일행 30명을 태운 해군함정이 1951

년 9월 18일 부산항을 출항한 것은 이와 같은 이유였다. 조사단은 단장 홍종인洪鍾仁을 중심으로 해군과 산악인으로 구성하여 지리·역사·언어·해양·기상·수산의 6개 반으로 편성되었다. 조사단은 10여 일 일정으로 파랑도를 조사하여 과학적으로 우리의 영토임을 입증하는 것이 목표였다. 그러나 해도상에 표시된 파랑도의 실체를 찾는 데에 실패하였다. 당시 이승만 정부는 '평화선 선언'을 앞두고 영토문제, 수산업, 군사적으로 유리한 고지를 선점하기 위해 파랑도 탐사를 시도했었던 것으로 파악된다.

이 평화선은 우리나라 주변수역에 한국의 주권을 선언한 해양 주권선으로 인접 국가 간의 평화 유지를 위한 선이란 데서 불리어졌다. 1952년 1월 이승만 대통령에 의해 '인접 해양에 대한 주권에 관한 선언'이 발표됨으로써 정해진 것으로, 소위 '이승만 라인'이라고도 한다. 한·일 간 어업상 격차의 심화, 연합군의 일본 점령 관리 중 일본인의 어업활동을 일정 수역으로 한정했던 '맥아더 라인'의 철폐, 세계 각국의 주권적主權的 전관화專管化 추세 등의 상황에 대처하기 위해 취해진 것이었다. 그러나 평화선은 1965년 6월 한·일 조약 체결로 사실상 철폐되었다.

이승만 정부는 제주도민들에게 죽음과 삶이 넘나드는 전설상의 섬으로 알려진 파랑도의 실체를 찾아 나섰던 것이다.

비록 전설로 전해지고 있지만, 이 파랑도의 소재가 확인된다면 평화선 외에 영해권을 행사해서 일본 어선의 제주 해양침범을 막고, 국토를 연장시킴으로써 해양영유권을 확대할 수 있으리라는 기대였다. 국민의 희망과 달리 파랑도 탐색에 실패함으로써 파랑도 전설 자체에 대한 국민들의 실망도 클 수밖에 없었다. 파랑도는 어디까지나 소코트라 암초로 수중 암초이기 때문에 확인하기가 쉽지 않았던 것이다.

5. 박정희 정부의 파랑초 영유권 문제 검토

박정희 정부에 이르러 이어도의 명칭은 파랑도보다는 파랑초波浪礁라는 이름이 널리 사용되었다. 그 이유는 1958년 영해 및 접속수역에 관한 제네바 협약과 유엔해양법 등에 간출지에 대한 국제법규가 정의되었기 때문이라 파악된다. 박정희 정부 역시 동아시아해역에 대한 중요성이 높아지고, 소코트라 암초 해역이 일찍부터 황금어장으로 널리 알려지면서 파랑도의 실체에 대한 미련을 버릴 수가 없었다. 1973년 6월 제주도 서귀읍 서홍리 출신 한광석씨가 당시 남제주군청에 공유수면 점용 허가를 신청하였고, 이를 계기로 교통부 수로과에서 파랑도 탐사를 실시하였으나 역시 실체를 확인하는 데는 실패하였다.

1977년 11월에 박정희 정부는 파랑도로 알려진 파랑초에 대한 영유권 문제를 본격적으로 검토하기 시작하였다. 필자는 1977년 외무부에서 검토해서 올린「파랑초波浪礁 및 일향초日向礁의 영유권문제領有權問題 검토결과檢討結果」(1977.11) 문서를 국가기록원에서 확인할 수 있었다. 이 문서에 대한 박정희 대통령의 결재일은 1977년 11월 21일로 되어 있다. 박정희 정부는 파랑초와 함께 일향초도 매우 주목하고 있었다. 이 두 지역은 국제법상 영유권 설정 대상은 될 수 없으나 향후 경제수역 선포시에 인공도서 등을 설치하여 이용할 수 있다는 판단 때문이다. 파랑초는 파랑도임을 이미 언급하였고, 일향초는 지금의 가거초이다.

먼저 파랑초 및 일향초의 지리적 상황은 파랑초가 마라도 서남방 82해리 지점으로 북위 32도 7초 6분, 동경 125도 10초 7분이다. 일향초는 소흑산도 서남방 27해리 지점으로 북위 33도 56분 3초, 동경 124도 35분 5초에 위치한다.〈그림 4〉에 의하면 이 두 지역은 모두 해양과학기지가 건설되어 있음을 확인할 수 있다.

파랑초 및 일향초에 대한 정부의 탐사 실적으로는 1951년 8월 이승만 대통령이 지시로 해군조사단이 파랑초를 현지 답사했으나 간출암 발견에는 실패하였다. 앞서 살펴본 바와

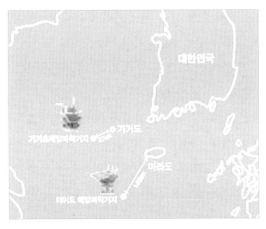

〈그림 4〉 파랑초(이어도)와 일향초(가도초)의 위치

같이, 조사단을 태운 해군 함정이 부산항을 출항한 것은 1951
년 9월 18일이다. 따라서 파랑초에 대한 탐사는 1951년 8월이
아니라, 1951년 9월에 이루어진 것으로 보아야 할 것이다.
또한 1973년 6월 29일에 교통부 수로국 관계관들이 파랑초
및 가거초(일향초)를 현지 탐사하였으나 간출암 발견에 역시
실패하였다. 당시 박정희 정부는 1958년 영해 및 접속수역에
관한 '제네바' 협약과 제3차 유엔 해양법회의의 통합초안을
바탕으로 '간출지' 관계 국제법규를 파악하고 있었다. 즉, 만
조시에는 수면 밑에 있으나 저조시에는 수면 위로 표출되는
자연적으로 형성된 해상의 육지지역을 간출지로 파악하고
있었다. 간출지가 육지 또는 도서의 영해 범위 이내에 있을

경우에는 영해 측정 시에 통상 기선의 기점, 등대 등 시설물이 있을 때에는 직선기선의 기점으로 사용될 수 있었다. 그러나 육지 또는 도서의 영해 범위 밖에 있을 경우에는 자체의 영해를 가질 수 없는 한계가 있었다.

국가기록원 소장 외무부 자료에 의하면, 파랑초와 일향초는 영유권 설정 대상이 될 수 없었다. 그럼에도 불구하고 외무부는 파랑초와 일향초에 대해 인공도서 등을 설치하여 경제수역내 자원개발을 위한 기지로 활용할 수 있으므로 재탐사의 필요성을 제시하고 있다. 결국 박정희 정부는 파랑초가 국제법상 영유권 설정 대상은 될 수 없으나, 인공도서 등을 설치하여 해양자원개발을 위한 기지로 활용하는 방안을 강구하고 있었다. 또한 이를 위한 파랑초 재탐사를 구상하고 있었던 것이다.

6. 1980년대 파랑도 탐사와 '이어도' 명칭

1980년대의 파랑도 탐사는 KBS가 주도하였다. 즉, 1차로 1984년 3월 18일(KBS와 제주대학교), 2차로 1984년 5월 8~15일까지 파랑도 학술탐사가 이루어졌다. 이외에도 한국해양소년단이 주축이 되어 1984년 4월 8일 파랑도 학술탐사를 실시하였고, 제주MBC가 다큐멘터리 제작을 위해 1989년 여름 2차례 파랑도 탐사를 실시하였다. 1997년 8월에는 이어도 학술조사(KBS 특별기획)가 다시 이루어지기도 하였다.

KBS는 수산청수산진흥원, 제주도, 제주대학교 해양과학대학, 한국과학기술원해양연구소, 제주스쿠버, 다이빙클럽 등 학계 및 수중전문가들의 도움을 받아 탐사에 착수하였다. 그 결과, 이어도로 추정되는 수중 섬 파랑도는 거대한 '산호암초'로 확인되었다. 나아가 파랑도의 암석은 화산 폭발할 때 분출하는 화산재가 응고한 응회암이며, 생물분포는 상층부가 산호로 덮여 있고, 15m 이하에는 모자반류, 산호, 우럭, 담치, 소라, 흑돔 등 해양생물이 서식하고 있음을 확인할 수 있었다. 주변 해역은 중국 황하의 담수가 유입돼 염도가 낮았으며 냉온수대가 서로 만나는 지점으로 어족자원과 어로연구에 중요한 곳임이 확인되었다.

KBS 탐사대에 의해 소코트라 암초인 수중 섬이 확인되면서 수중 섬은 제주인들에게 전설상으로 전해져 오는 이상향의 섬, '이여도'일 것이라는 환상을 갖게 만들었다. 심지어는 제주도 전설에 나타나는 환상의 섬, 이여도가 실존하는 섬이라면, 이 소코트라 암초가 될 가능성이 가장 높다는 막연한 추측에서 이 암초에 '이여도' 혹은 '이어도'라는 이름을 종종 붙여서 사용하는 경향이 나타났다. 아직까지 그

누구도 보았다는 사람도 없고, 그곳에 다녀왔다는 사람도 없으며, 한번 가면 영원히 돌아오지 못하는 섬, '이여도'는 언론에 의해 서서히 우리 앞에 가상의 실체로 다가오기 시작한 것이다.

이는 행정기관으로까지 확대되어 1987년 제주지방해양수산청은 이곳을 '이어도'라 부르고, 이어도 주변을 통과하는 선박 안전을 위해 등부표燈浮標를 설치하였다. 1987년 8월 1일 소코트라 암초(파랑도)에 해안접안시설인 등부표가 설치돼 이곳을 왕래하는 각종 선박들의 길잡이 역할을 하게 됐다. 파랑도는 수중 암초로 정봉을 중심으로 약 250km 정도로 유선형을 이루고 있다. 파랑도 남동쪽이 급경사인 반면에 북서쪽은 완경사인 것이 특징이다. 또한 이곳은 중국 양자강과 황해 쿠로시오 난류가 합쳐지는 삼각지점으로 특히 우리나라에 영향을 주는 태풍의 주요 통과 해역이다. 근처 해역에서 조업하는 수만 척의 어선과 연평균 16만 척의 각국 국적선이 이곳을 통과하고 있어 등부표 설치는 각종 선박의 안정항해에 크게 기여하게 됐다. 설치된 등부표는 태양전지와 축전지를 이용, 낮에 충전했다가 야간에 방전하는데, 광달거리가 8마일(14.8km)에 이른다. 그러나 등부표는 태풍으로 인해 매년 유실되는 수난을 겪어오다 이어도 종합해양과학기지 건설로 철수되었다.

2000년 12월에는 '이어도'를 공식명칭으로 결정하여 해도海圖에 기재하였다. 즉, 제주도는 2000년 12월 30일 파랑도를 '이어도離於島'로 명칭을 변경하였다. 그리고 2001년 1월 22일에는 국립지리원이 중앙지명위원회를 개최하여 소코트라 암초의 명칭을 '이어도'로 변경하는 문제를 심의, 확정하였다. 제주인의 이상향으로 구비 전승되는 '이어도'가 이어도 종합해양과학기지가 설치된 실존하는 '이어도'로 바뀌어 나간 것이다.

7. 이어도 종합해양과학기지 건설

1987년 이어도에 등부표를 설치하여 이용해 오다가 보다 적극적인 활용 방안을 마련해 나가기 위하여 1994년 이어도 종합해양과학기지 건설이 결정되었다. 1995년 해저지질 조사 등을 통해 2003년 6월 11일 이어도 종합해양과학기지가 한국해양연구원과 (주)현대중공업에 의해 준공되었다.

이어도 종합해양과학기지의 목적은 동중국해 중앙에 위치한 수중암초인 이어도에 고정식 해양과학기지를 건설하여 주변 해역의 해황 및 기상상태의 관측 자료를 실시간으로 제공받아, 해양예보, 기상예보, 어장예보, 지구환경문제,

해상교통안전, 해난재해방지에 필요한 자료를 확보하기 위한 것이다.

이어도 종합해양과학기지의 정확한 위치는 북위 32도 07분 8초, 동경 125도 10분 6초이다. 한국 최남단 마라도 서남쪽 81해리(149km), 중국의 서산다오余山島로부터 북동쪽으로 155해리(287Km), 일본 도리시마鳥島 서쪽 149해리(276km)에 해당한다. 이를 구체적으로 보면 〈그림 6〉과 같다.

이어도 종합해양과학기지 주변 해역은 수심 50m 정도로서 크기는 남북 1,800m, 동서 1,400m이며, 암초정상이 해수

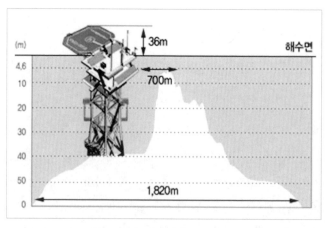

〈그림 5〉 이어도 종합해양과학기지 단면도

면 아래 4.6m에 위치한다. 이어도 종합해양과학기지의 규모는 헬기착륙장 및 관측 장비를 구비한 약 400평 규모의 2층 Jacket 구조물, 수면으로부터 높이 36m의 해양관측기지를 건설하여 무인자동화 운영시설을 갖추고 있다. 이어도 종합해양과학기지는 기상예보·해상예보의 적중률을 높여서 자연재해를 최소화시키는 데에 기여한다는 점, 동북아 지역 해양관측시스템(NEAR-GOOS)의 효율적인 운영과 주도, 등대·해난구조 및 안전항로 확보로 인한 해안안전 시설물로 활용, 중국·일본과의 EEZ/대륙붕 경계획정 협상 시

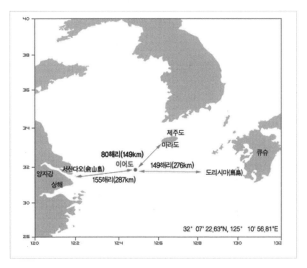

〈그림 6〉 이어도 종합해양과학기지가 위치한 이어도

해양영역의 확대와 배타적 권리에 유리한 입지를 확보할
수 있다는 점에서 기대하는 바가 매우 클 수밖에 없다.

8. 맺음말

중국은 2000년 이후 이어도 종합해양과학기지와 관련하
여 문제를 계속 제기하고 있는 실정이다. 2006년 9월 14일
에 중국은 ① 이어도는 암초이기 때문에 영토분쟁의 요소가
될 수 없다. ② 이어도는 한국과 중국이 각기 주장하는 배타
적 경제수역(EEZ: exclusive economic zone)이 중첩되는 지역에
존재한다. ③ 이어도에서 종합해양과학기지와 같은 구조물
설치 등 한국이 취한 조치는 일방적인 것으로 아무런 법적
효력이 없다는 문제를 제기하고 있다. 심지어 중국이 최근
일방적으로 발표한 방공식별구역에 이어도가 포함되면서
갈등의 불씨는 더욱 커졌다.

동아시아 해역을 둘러싼 한·중·일의 갈등은 이미 예견되
어 왔음이 주지의 사실이다. 아마 이러한 갈등은 앞으로 더
욱 증폭될 것이다. 그것은 동아시아 3국의 이익이 밀접하게
교차되는 지역이기에 더욱 그러하다. 특히, 21세기 세계의
중심이 서서히 동아시아 지역으로 이동하면서 동아시아 3

국은 자국의 이익을 위한 경쟁적 갈등관계가 더욱 노골화 될 것이 분명하다. 역사전쟁은 서로 유리한 입지를 확보하려는 시작인 셈이다.

특히, 중국은 1980년대부터 하상주단대공정, 중화문명탐원공정, 서북공정, 서남공정, 동북공정을 통해 소수민족을 중국의 지방정권으로 편입해 나가고 있다. 나아가 이어도에 대한 문제제기는 이어도공정을 통해 오랜 숙원이었던 동남공정을 달성해 나가고자 하는 포석이라 판단된다. 일본과의 분쟁이 되고 있는 조어도에 대한 유리한 입장의 확보, 나아가 태평양 진출이라는 장기적 포석을 가지고 있다.

중국사회과학원 왕젠싱의 주도하에 이어도에 설치된 한국의 해양기지를 철거시키고 이어도를 중국령으로 확보하기 위한 '이어도(중국명 쑤옌차오) 보위 협회'를 구성, 나아가 중국과 일본 간에 소유권 분쟁이 벌어지고 있는 '조오도(댜오위다오)'를 수호하기 위한 중국, 대만, 홍콩의 민간 반일본 단체인 '바오댜오행동위원회'와 연계해서 활동을 전개해 나가고 있는 실정이다.

2000년의 한·중 어업협정과 같은 우를 되풀이 하지 않기 위해서는 철저한 준비가 뒤따라야 한다. 중앙정부와 지방정부의 체계적인 학술적 대응과 정책, 시민단체의 이어도 지킴이 운동 등이 확산되어 이어도의 진실을 알려나가야 할 것이다. (사)이어도연구회를 중심으로 이어도에 대한 객관적이며 과학적인 학술연구뿐만 아니라, 다양한 대중활동은 매우 고무적이라 할 수 있다. 향후에 동북아역사재단, 독도연구단체 등과 긴밀한 협조를 통해 동아시아해역을 둘러싼 한·중·일 갈등을 주도적으로 해결해 나가야 할 것이다. 동아시아 3국의 평화문화공동체 구축도 하나의 방법일수가 있다. 무엇보다 동아시아해역의 갈등적 요소를 어떻게 하면 한국이 주도적으로 풀어나갈 것이며, 이어도해양과학기지 인공구조물이 설치된 해역을 우리가 항구적으로 선점해 나갈 수 있는 객관적인 다양한 방안이 더욱 확보되어야 한다.

더 읽어볼 책들

• (사)이어도연구회, 『이어도 바로알기』, 선인, 2011.

이어도의 역사와 영유권을 둘러싼 쟁점 등을 조명한 책으로 국내에서 이어도를 종합적으로 검토한 사례는 이 책이 처음이다. 이어도의 중요성과 더불어 제주의 역사와 생활 문화, 서사 구조 등에 스며들어 있는 이어도에 대한 상징과 이미지, 영유권을 둘러싼 쟁점까지 두루 고찰하고 있다. 특히 이어도로 추정되는 암초를 언급하고 있는 『하멜표류기』의 내용이 눈길을 끈다. 이밖에도 각종 고문헌 및 고지도, 설화, 민요 등의 자료를 발굴하여 중국 측의 영유권 주장을 반박하고 있다.

• 성균관대학교 동아시아 유교문화권 교육연구단 편, 『동아시아 민족주의 장벽을 넘어: 갈등의 시대로부터 화해의 시대로』, 성균관대학교 출판부, 2005.

동아시아에서 민족주의 장벽을 극복하고 새롭게 화해의 시대를 열어가기 위한 방법을 제안하고 있는 책이다. 그러나 민족주의를 넘어서자고 해서 비약하자는 것이 아니라 동아시아 근대에 대한 구체적인 학지(學知), 그 학지를 '화해의 시대'로 연계할 것을 주장한다. 이러한 취지 속에서 역사, 문학, 정치, 사상 분야의 연구자들이 공동으로 참여하여 동아시아 국가들의 자국 역사 인식과 문학 담론 등을 비판적 시각에서 다양한 주제로 풀어내었다.

• 도시환·박진우·서현주·장세윤, 『일본 아베 정권의 역사인식과 한일관계』, 동북아역사재단, 2013.

일본 아베 총리의 야스쿠니신사 참배와 독도영유권 도발, '위안부' 문제 왜곡, 일본 교과서 문제 및 역사인식 관련 발언 등 일본 사회 전반에 걸친 우경화와 역사인식 퇴행이 심각해져 가는 현 상황에서 아베정권 역사인식의 근본적 문제점을 진단하고 우리의 대응 방안을 강구한 책이다.

• 여문환, 『동아시아 전쟁기억의 국제정치』, 한국학술정보, 2009.

동아시아 각국의 역사적 기억의 현장인 전쟁기념관 및 평화박물관을 살펴봄으로써 한·중·일 3국의 과거에 대한 현재적 재현을 직시하고 그 차이를 규명한 책이다. 저자는 서로의 기억의 차이를 극복하여 공유할 수 있는 기억의 창출과 그것을 재현하는 일이야말로 동아시아 평화공동체 형성을 향한 첫걸음이라고 주장하고 있다.

• 전기원 외, 『쟁점으로 본 동아시아 협력과 갈등』, 오름, 2008.

동북아를 중심으로 한 동아시아의 안보, 정치, 경제, 문화, 역사, 환경, 해양 등의 쟁점과 현안을 살펴보면서 동북아 공동체 형성 등 동아시아 지역주의 전개의 전반적인 현주소를 점검해 본 책이다.

• 제주평화연구원 편저, 『동아시아, 갈등을 넘어 협력으로: 한·중·일 동아
 시아 연합 구상과 상호협력』, 오름, 2011.

동아시아는 한반도에서 지속되는 군사적 긴장상태와 북한의 핵실험 등
중대한 안보의 위협을 받고 있는 곳이지만 현재까지 큰 군사적 충돌 없이
지속적으로 발전해 왔고 앞으로도 정치와 경제 측면에서 세계의 중심으
로 부상할 충분한 잠재력이 있는 곳이다. 이러한 인식 속에서 동아시아
의 정치안보협력체, 경제협력체, 사회문화협력체 등의 가능성을 살펴본
책이다.

삶과 죽음을 가르는 공간,
서해에서의 전쟁과 평화

김종대

연세대학교 경제학과 졸업하고 제14, 15, 16대 국회 국방 비서관 및 보좌관, 제16대 대통령직 인수위원회 국방전문위원, 청와대 국방보좌관실 행정관을 지냈다. 당시 '순수 민간인'으로 청와대 국방 조직에서 일하면서 국방개혁과 자주국방의 문제를 군인들과 토론하며 정치와 국방의 교량 역할을 했다. 이후 국무총리실 산하 비상기획위원회 혁신기획관, 국방부 장관 정책보좌관 등을 지냈으며, 현재 민간인 출신 군사안보 전문가로서 월간 ≪디펜스 21 플러스≫의 편집장으로 활약하고 있다. 주요 저서로는 『노무현, 시대의 문턱을 넘다』(2010), 『시크릿 파일, 서해전쟁』(2013) 등이 있다.

삶과 죽음을 가르는 공간,
서해에서의 전쟁과 평화

1. 서해에서의 전쟁의 법칙

우리나라 서해에서 남북 간 충돌은 모두 5번 일어났다. 1999년 제1차 연평해전, 2002년의 제2연평해전, 2009년의 대청해전, 2010년의 천안함 사건과 연평도 포격사건이 그 것이다. 한국 전쟁 때도 총 한방 쏜 적이 없는 우리나라 서북해역의 5개 섬 인근에서 1990년대 후반부터 갑자기 포성이 들리고 사람들이 대규모로 희생되었다. 그 이전에는 바다에서 남북 간에 문제가 발생하면 주로 동해였고, 서해에서 분쟁이 발생하리라고 예상한 사람은 아무도 없었다. 그런데 왜 동해가 안정되던 1990년대 후반에 서해에서 분쟁이 발생한 걸까? 도대체 무엇이 달라진 것인가? 여기에는 세 가지 법칙이 존재한다.

법칙 1. 꽃게와 해파리의 법칙

꽃게는 전쟁을, 해파리는 평화를 부른다? 결과를 놓고 보면 사실이다. 그 발단은 1990년대 중반부터 난데없이 서해에서 꽃게가 몰려오면서 시작되었다. 그 이전까지 연평도 인근에 조기 어장이 조성된 적은 있지만 꽃게는 원래 1980년대에는 없었던 수확물이다. 조기는 갑자기 사라지고 1990년대 중반에 이루러 꽃게는 서해에서 근해 어업의 주된 수확물로 확실히 자리 잡게 된다. 서해에서 꽃게잡이가 본격화된 1990년대 초반부터 북한 선박이 북방한계선(NLL: northern limit

〈그림 1〉 연평도 포격사건

line)을 월선하는 사태가 벌어지고 시작했고 기록적인 수확량을 달성한 1996년에 북한의 NLL 월선이 급격히 증가한 결과 국회에서 NLL 논쟁이 일어났다. 국립수사과학원 통계자료는 이 무렵 꽃게는 우리나라 연근해 어업의 70~80%에 달하는 주요 소득원으로 확고한 위상을 보여 준다. 제1연평해전이 일어난 1999년부터 제2연평해전이 일어난 2002년까지 삼 년간은 연평 어장이 개장한 이래 최고 수준의 수확고를 기록한 시기였다. 이렇게 보면 두 번의 교전이 일어난 계기는 명확하다. 꽃게가 산란을 위해 중국 양쯔 강에서 대규모로 서해 연안으로 몰려들면 이를 수확하기 위해 남북 어선이 몰려들었으며, 다시 그 어선을 경비할 목적으로 남북한의 군함이 몰려들었다. 이로 인해 공격성, 융통성, 기동성을 특징으로 하는 해군 전력이 어선을 사이에 두고 마주하는 희한한 양상이 나타난 것이다. 해상 전력이 바다에서 대치하게 되면 엄폐물이 많은 지상에서와 달리 매우 긴박한 상황이 초래된다. 이것이 일주일 이상의 군사적 대치 후에 상황이 악화되어 교전이 발생하게 되는 계기로 작동하는데, 그것이 바로 1999년의 제1연평해전이다. 더 기가 막힌 것은 북한군 100명이 넘게 사상된 1999년의 제1연평해전이 벌어지는 와중에도 우리는 북한으로부터 꽃게를 수입했다. 이 무렵 우리 밥상에는 서해에서 죽어간 사람들의 피 냄새가 났다. 그렇게

사력을 다해 어업에 몰두하는 남북한의 국가이익, 국가의
의지가 충돌한 셈이다.

이런 상황이 이어진 2002년 제2연평해전을 기점으로 이
후 꽃게 수확량은 급격히 감소하여 어선이 출몰할 가능성
이 현저히 줄어들었다. 중국 어선이 산란기의 꽃게를 쓸어
가면서 꽃게 자체가 줄어들었기 때문이기도 하지만 서해
수온이 상승하면서 창궐한 해파리가 연근해 어업을 망쳐버
렸기 때문이기도 하다. 노무현 정부 시절인 2005년에 인천
광역시의 꽃게 수확은 296톤으로 제2연평해전이 발생한
2002년의 2퍼센트 수준에 불과하다. 남북한 간 교전이 없었
던 노무현 정부 5년간은 꽃게는 급격히 사라지고 해파리가
창궐했다. 그러자 어선이 사라지고, 이에 따라 남북의 경비

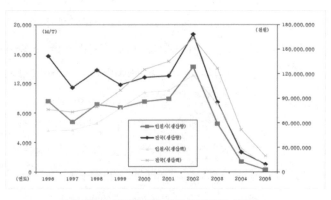

〈그림 2〉 남한의 꽃게 생산 추이(1996~2005)

정들도 나타나지 않았다. 꽃게와 해파리의 법칙이 보여주는 바는 자명하다. 서북 해역에서 남과 북이 충돌할 만한 군사적 이유가 원래부터 있던 것이 아니라 특정 시점에 어업의 변화가 서해의 경제적 가치를 재평가하게 했고, 여기에 국가이익이 있다고 판단한 남과 북이 같은 장소로 몰려들어 위기가 초래되었다는 것이다. 1980년대까지는 서해보다 동해가 어족자원이 풍부하였기 때문에 주로 동해에서 군사적 사건이 발생했다. 그러나 정확히 1990년대에 서해의 어획량이 더 많은 것으로 역전되었다. 이것이 서해에서 위기가 일어나는 일차적 배경이 된다.

법칙 2. 무기 체계 승수효과

인터넷 백과사전인 위키 백과에서 승수효과乘數效果를 찾아보면 "일정한 경제 순환의 과정에서 어떤 부문 또는 어떤 기업에 새로이 투자가 이루어지면 그것이 유효수요의 확대가 되어 잇따라 파급되어, 사회 전체로서 처음의 투자 증가분增加分 ΔI의 몇 배나 되는 소득 증가 ΔY를 초래하게 되는데 이 배율 ΔY/ΔI를 승수라 하며 이 효과를 승수효과라 한다"고 적시되어 있다. 이 법칙을 서해의 교전 사태에 적용하면 남과 북이 서해에 일정한 군사적 투자를 하면 그것이 군사력 사용의 유효수요의 확대, 즉 공세적 군사력 운용이 확대되어, 서해에서 몇 배나 되는 위험 증가를 초래하는데 이 효과를 군사적 승수효과라고 부를 수 있을 것이다.

북한은 1961년에 소련에서 P-6급 어뢰정을 10여 척 도입한 이래 모두 27척을 도입, 운용했으며 현재는 13척 정도만 남아 있다. 1980년대 이전까지 서해는 북한의 어뢰정이 휘젓고 다니는 독무대였다. 여기에다 북한 고속정에 장착된 스틱스(Styx) 미사일은 북한 해군 40여 척의 유도탄정에 장착된 가장 위협적인 무기였다. 이 핵심 해상전력이 최고의 전투력을 발휘하게 된 1973년에 북한이 43회나 NLL을 침범하는 이른바 '서해 사태'가 발발한다. 이에 대응하여 한국 해군도 1978년에 참수리 고속정을 인수하기 시작했고 1980년대에는 잠수함, 구축함 등 전력 증강이 두드러져 1990년대에는 서해에서 남쪽 전력이 완전히 북한을 압도하게 된다. 바로 이때부터 우리는 NLL을 방어해야 할 그 무엇으로 인식하게 되었으며 1990년대 후반에는 NLL에서 우리의 군사력 운용이 공세적으로 전환된다. 그것이 성과로 나타난 것이 제1연평해전이라고 할 수 있다.

그런데 2002년의 제2연평해전은 어떻게 설명할 것인가? 여기에도 비슷한 해석이 가능하다. 바로 당시 북 684호에 실린 85밀리 지상포이다. 함포가 없던 북한 함정에 새로운 무기가 장착됨에 따라 북한은 삼 년 전의 패전에 대한 복수를 결심할 수 있는 가능성을 얻었다고 할 수 있다. 새로운 무기와 전술이 출현하니까 북 함정이 일시적이나마 공세적인 전술로 전환할 수 있었고, 그것이 제2연평해전으로 연결된다. 여기서 알 수 있듯이 주로 공세적인 전술을 선호하는 측은 신무기로 장착된 강자이고, 약자는 방어적, 수세적인 전술을 선호한다. 결국 서해에서 분쟁이란 남과 북 어느 한 쪽이 새로운 공격무기로 무장하였을 때 일어나는 경향이 두드러진다. 새로운 공격무기로 무장하였다는 것은 방어 전술보다 공격 전술의 이점이 크게 증가했음을 의미한다. 해전에서는 사소한 기술적 이점이 전투의 전체 양상을 좌우할 정도로 예민하게 영향을 준다. 엄폐물이 없는 바다에서는 무기체계와 기동전술에서 약간이라도 우위를 점하는 쪽이 전반적인 우세를 달성하게 된다.

법칙 3. 해양의 영유권 분쟁은 군사적 강자가 주도한다.

서해의 북한 군사력이 압도적이었던 1970년대에 북한은 200해리 배타적경제수역을 선포하고 일방적으로 군사수역, 즉 자신들의 경계선을 발표한다. "북괴의 해상 도발"이라고 알려진 1977년 8월 1일의 일이다. 이에 대응하여 영해법을

〈그림 3〉 서해 NLL과 분쟁구도

제정하던 그 해 12월, 박정희 정권은 NLL 문제는 아예 거론하지도 않는다. 군이 북한과 경계선 문제로 다투지 않겠다는 뜻이다. 이 점은 앞에서도 서술한 바 있다. 반면 우리가 주도한 NLL 논란은 우리의 해상 군사력 우위가 명백해진 1990년대 이후의 일이다. 정부 차원에서 NLL이 해상경계선이라고 최초로 확인한 것도 1996년 7월경에 청와대에서 열린 회의였다. 군사적으로 강해지니까 그제야 우리가 경계선이라고 주장하고 나선 것이다. 이에 대해 안병욱 교수는 ≪한겨레≫ 2013년 8월 7일자에 실린 인터뷰에서 다음과 같이 말한다.

"권위주의 정권 때는 북방한계선을 섣불리 건드리지 말자는 게 기본 정책 방향이었다. 그 뒤 김·노 정권이 들어서자 보수우익의 공격이 시작됐다. 의도적으로 그 신경줄을 건드림으로써 불안 요인을 만들어 낸 것이다. 지금은 더 나아가 그걸 부추겨서 선거 공작 등에 극단적으로 활용하고 있다."

해상전력에서 거의 일방적이라고 할 수 있는 1990년대를 넘어 2000년대 보수정권 시기에는 아예 NLL을 북한의 해안을 전면 봉쇄할 수 있는 강력한 안보선 또는 해상봉쇄선으로 운용하기에 이른다. 그러면서 보수정권은 "NLL이 확실한 경계선이냐 아니냐"를 북한과 우리 국민에게 묻는, 정치적으로 매우 공격적인 태도를 취한다.

그런데 이 주장에는 몇 가지 문제가 있다. 서해에서 우리 해군이 북한에 비해 확실히 압도한다고 어떻게 말할 수 있느냐의 문제다. 우리가 북한에 앞선다고 앞에서 말한 것은 주로 수상함 전력을 말한다. 이 수상함 전력을 제외하고 수중 전력, 즉 잠수정·잠수함이나 지상전력, 즉 해안포의 경우에도 우리가 앞선다고 말할 수 있느냐는 문제다. 사실 이 질문은 길게 생각할 것도 없이 우리가 절대적으로 불리하다. 북쪽은 광활한 육지인 데 반해 우리는 고립된 섬이다. 이런 비대칭적 지형이라면 아무리 수상함을 증강한다고 해도 서북 해역에서 우리가 북한을 압박할 수 있는 절대적 우세란 없다. 바로 여기서 착각이 발생한다. 우리가 수상함

전력에 앞선 것이 마치 서해에서 압도적인 군사력을 갖게
되었다는 것과 동일시됨으로써 서북 해역에서 군사적으로
불리했던 우리가 비합리적인 군사행동을 범하는 이상한 일
들이 벌어지기 시작했다.

2. 사라진 질문, "도대체 왜?"

서해에서 분쟁의 경향성을 보여준 앞의 세 가지 법칙은
일반적인 경향을 말하는 것이고, 실제 주요 교전 사례를 보
면 더 이상한 불합리한 요인들이 발견된다. 1999년의 제1연
평해전의 경우 우리는 이제껏 북한 어선과 경비정들이
NLL을 침범하는 도발을 해 왔기 때문에 해군이 이를 차단
하다가 벌어진 교전 정도로 알고 있다. 그런데 자세히 살펴
보면 그해 6월 6일에 시작된 무력시위 기간 중에 남과 북의
해군은 똑같이 "발포하지 말라"는 명령을 받고 서로 마주치
면 누가 먼저랄 것도 없이 포를 하늘로 쳐들었다. 교전의사
가 없었던 것이다. 그런데 9일이 지난 6월 15일에 북한군
100여 명이 넘는 사상자가 발생한 대규모 교전이 벌어진
이유가 도대체 뭘까? 더군다나 교전이 벌어질 당시에 작업
복 차림으로 어뢰정에 승선해 있던 북한군은 우리의 공격

을 예상하지 못하고 공격을 받자 먹고 있던 감자를 집어던 졌다. 이걸 두고 2함대사령부의 고위관계자는 북한군이 "수 류탄을 던지며 저항했다"고 엉뚱한 설명을 하기도 한다. 우 리가 북한군을 공격해야만 했던 어떤 사정이 그 9일 동안에 발생한 것인가?

2002년의 제2연평해전의 경우는 더 황당하다. 3년 전의 충격적인 패배로 피에 굶주린 북한의 기습공격이 예상되어 2함대사령관이 "적 함정과 3km 거리를 유지하라"고 명령하 였다. 그런데 어느 순간엔가 정상적인 지휘계통이 무력화 되고 작전에 간섭하는 세력이 2함대 지휘계통에 개입하였 다. 마치 무엇엔가 홀린 것처럼 우리 고속정 두 척이 최저 속도인 시속 6노트로 북한 경비정에 150미터라는 '섬뜩한 거리'로 접근하였다가 공격을 받았다. 이 일이 있고나서 보 직해임을 당한 2함대사령관이 얼마 후 화병으로 숨진다. 이 건 아직까지도 규명되지 않고 있다. 도대체 왜 적의 포가 겨누고 있는 걸 보면서도 2척의 경비정이 나란히 북의 함정 에 접근했던 것일까? 결국 이 교전으로 우리 고속정에 승선 한 28명 중 22명이 사상되었고 고속정은 침몰했다. 이길 수 있었던 전투를 어처구니없게 실패한 2함대사령관이 사망 하기 직전에 해군 선배에게 털어놓은 교전의 진실은 도대 체 뭔가? 이와 관련하여 2함대사령관이 잠시 상황실을 벗어난 사이에 합참의 작전본부가 직접 상황실에 전화를 하여 "근접 차단기동을 하라"고 지시했다는 증언도 있다. 그러나 그 당사자는 지금 고인이 되어 정확한 진실은 확인되지 않는다.

2009년 11월의 대청해전은 우리의 단호한 대응으로 북 함정을 격파하고 6명을 사상케 한 교전이다. 이전의 두 번의 교전에 비해 매우 신속하고 효과적으로 북한 함정을 제압했음에도 불구하고 남북 정상회담을 성사시키기 위한 비밀접촉을 하고 있던 이명박 정부는 우리 해군의 과잉대응 여부를 조사한다. 당시 이상의 합참의장은 한 월간 ≪신동아≫ 2014년 6월호에 "일방적인 승리를 거두어 대통령부터 치하가 있을 줄 알았는데 이명박 대통령이 전화로 '왜 그렇게 강경하게 대응하였는가?'라고 질책을 하였다"고 증언하고 있다. 이명박 대통령은 왜 합참의장을 질책한 것일까? 훗날 이 광경을 지켜본 합참의 한 준장은 "대청해전에서의 일방적 승리로 북한의 보복공격이 예상되었는데도 합참 수뇌부는 그 이후 대비태세를 느슨하게 운용하였다"며 이후 발생한 천안함 사건에 대해 '대청해전 나비효과'라고 불렀다. 여기서도 의문이 발생한다.

2010년의 천안함 폭침사건을 들여다보면 이상한 점이 또 드러난다. 사건이 발생하기 일주일 전에 한 예비역 해군 제독은 북한의 보복공격이 임박했음을 예견하고, 북의 수중도발을 경고한다. 한미연합사 역시 대청해전 직후부터 북의 비대칭 도발을 우리 합참에 경고한다. 무언가 긴박한 경고와 대비의 필요성이 강조되었음에도 불구하고 이에 대해 전혀 대비하지 못한 이유가 뭘까? 그해 벌어진 연평도 포격사건 당시에도 이미 사건 전날에도 북의 경고 메시지가 날아들어왔고, 사건 당일 오전에도 합참 정보본부는 "적의 화력도발에 대한 대비 필요"를 강조하는 첩보를 작전본부로 전달한다. 그런데도 연평도에서 우리 해병대가 이에 대해 대비하지 못한 채 북의 지상포로부터 대규모 공격을 받았다.

북한에 비해 압도적인 성능의 수상함과 우세한 정보력, 필요시 후방지원전력을 갖춘 우리 군은 서해에서 분쟁을 관리하면서 평화를 유지할 수 있는 충분한 힘이 있다. 그런데도 서해의 분쟁상황을 과연 우리가 제대로 통제하였는지, 군사력 운용이 과연 합리적이었는지, 이 5번의 교전을 보면 선뜻 납득하기 어렵다. 그런데 더 이상한 것은 누구도 그 원인을 들여다보려고 하지 않는 데 있다. 예컨대 가장 충격적인 천안함 폭침사건의 경우 벌써 3년이 더 지났지만 그동안 이에 대한 세미나, 학술대회도 없고 제대로 된 논문 하나 발표된 적이 없다. 무언가 중요한 사건이 벌어졌다고 한다면 이를 제대로 해석하고 재평가하는 일이 꽤 많이 있었을

법도 한데 이상하게도 그런 것이 없다. 그러니 앞에서 필자가 제기한 의문에 대해 우리 정부는 "비정상적이고 호전적인 북한이 계획적으로 도발한 사건" 외에 아무런 추가 설명을 하지 않는다.

3. 국가의 안보인가, 조직의 안보인가

이런 의문을 뒤로 하고 서해는 어느새 우리에게 보수와 진보를 가르는 이념 논쟁의 터전이 되고 말았다. 서해에서 남북 분쟁의 발생의 기원, 그리고 분쟁의 확산과 메커니즘에 대한 아무런 성찰과 반성이 없이 오직 북한에 대한 군사력 과시와 강압적인 군사행동이 마치 안보의 전부인 것처럼 인식되는 상황이다. 여기에 시비를 하면 곧바로 이상적 평화주의자, 또는 종북 세력으로 지탄을 받기도 한다. 서해에서의 안보문제를 돌이켜볼 때 우리는 그 핵심원인에 대해 제대로 질문한 적이 없으며, 당연히 합리적인 설명도 존재하지 않는다. 질문이 없으니 더 연구할 필요도 없는 게 지금의 현실이다.

5번의 교전에서 공통적으로 드러나는 점은 서해에서 안보 위기가 진행될 때도 유니폼이 다른 육·해·공군 조직은 서로 치열하게 위기를 통제하기 위한 주도권을 두고 경쟁한다는 것이다. 1991년에 로젠탈과 코즈민(Rosental, 't Hart, & Kouzmin)이 제시한 위기 시 관료-정치(bureau-political)의 4가지 행태는 현재 세월호 사건에서 보여지는 관료들의 행태를 이해하는 데 많은 시사점을 준다. 위기 시에 조직은 첫째, "우리가 가장 스마트 하다"고 확신하며 타 기관이나 일반인들의 전문성을 부정하려는 성향이 있다. 오늘(2014.04.24일) 해경의 발표 중에 자원봉사 나온 민간 잠수요원에 대한 불신 표명이나, 이종인 알파잠수대표의 제안에 대한 석연치 않은 거부과정 등 다른 집단이나 전문가를 인정하지도 않고 협력도 기피한다. 둘째, "내가 통제해야 한다"고 주장하며 위기 상황에서도 기관끼리는 권력과 명성에 집착하는 행태를 보인다. 이 때문에 힘센 중앙기관이 서로 자기가 주도하려고 지시를 남발하고 간섭하는 경쟁을 벌인다. 대통령, 장관, 합참의장, 총장 등 힘센 사람과 조직의 위신과 체면에도 민감하다. 이 와중에도 정치권력과 정당은 정치적 득실을 계산한다. 셋째, 조직은 위기 이후의 '더 많은 자원'을 기대한다. 위기 이후 대책을 강구하게 될 때 문책으로부터는 피하고 더 많은 인력과 예산을 배분받는 방법을 냉정하게 계산한다. 이 때문에 자기 조직의 활약상을 홍보하기 위해 기회를 노린다. 구조 첫날부터 국방부가 엄청나게 많은 자원을 현장에 출동시키고 이를 언론과 국회에 홍보하는 것도 그런 맥락으로 이해된다. 넷째, 시간이 경과할수록 '감정적 앙금과 갈등'의 양상을 보인다. 함께 과업을 수행하지 않았던 기관들, 또는 민과 관 사이에 대결적 양상이 나타난다.

만일 이러한 관료정치적 행태를 비판하는 목소리가 나오면 "현장에서 목숨 걸고 안보에 종사한 사람에 대한 모욕"이라며 벌컥 화를 내거나, 윽박지르는 행태가 나온다. 그 위세에 눌려 교전에 대한 자세한 분석과 성찰조차 불가능하다는 것은 사실 국가안보가 국민의 안전을 위한 것이 아니라 군사조직의 안전을 위한 안보로 악용되는 측면이 강하다는 점을 암시한다. 군사지도자들이 남북관계가 악화될 때마다 경쟁적으로 북한에 강경발언을 하는 것도 사실 국민의 안전 때문이라기보다 자신들의 위신, 조직의 위용을 과시해야 할 필요성이 더 절박하다는 점도 배경이 된다.

서해의 사건에 대해 말하자면 바다에 대해 전문성이 없는 육군 위주로 된 합참과 해군 2함대사령부 사이에 권한과 책임에 대한 분쟁이 벌어지고 극도로 불신하며 대립하는 양상을 보인다. 그 결과 국가차원에서 군사적 대응의 합리성이 붕괴되고 위기는 더 악화되는 결과를 초래한다. 특히 필자가 주목하는 것은 바로 작전의 최고단위인 합참, 즉 '최고사령부의 무능'이다. 주로 육군 출신들이다보니 해양에서의 국지전에 대해 전문성을 발휘할 수 없는 조직이 바로 합참이다. 이 때문에 위기가 진정되고 관리되어야 할 순간에 거꾸로 위기를 더 고조하는 잘못된 지시가 내려가고 예하부대는 이에 반발한다. 한편 전투현장에서는 남과 북의 군대라는 조직이 만들어 내는 독특한 국면이 전개되며 관리하기 어려운 상황이 초래된다. 이 점은 북한도 마찬가지다. 북한의 경우 경비정으로 NLL을 도발한 제1, 2연평해전과 대청해전, 즉 3번의 교전에서 막대한 피해를 입었다. 자동화된 사격통제와 속사포로 무장한 현대식 우리 함정에 함포도 없고 속도도 느린 북한 경비정은 상대가 되지 않는다. 이렇게 불리한 줄 뻔히 알면서 왜 그처럼 무모한 도발을 3번이나 반복했는지 이해하기란 쉽지 않다. 이 3번의 교전이 북의 계획된 도발이라는 건 이미 정설이 되었지만 무슨 계획된 도발이 할 때마다 패전이란 말인가? 만일 북한이 우리를 효과적으로 공격하려면 자신들에게 불리한 수상함으로 도발하지 말고 자신들이 압도적으로 유리한 지상화력을 동원하면 훨씬 손 쉬웠을 텐데 왜 그렇게 불리한 방법을 반복적으로 구사했는지 합리적 의도로는 설명되지 않는다.

조직의 논리가 국가 전체의 합리성을 붕괴시키는 핵심적인 이유라는 점은 우리 서해에서 흔히 발견되는 현상이다. 천안함 사건이 북한이 비밀리에 기습공격을 한 것이라면 어뢰 추진체에 버젓이 '1번'이라는 표기를 함으로써 스스로 정체를 드러낸 이유는 무엇이었을까? 상식적으로 납득하기 어렵지만 여기에 조직의 일상적 업무수행이라는 새로운 관점을 대입하면 충분히 있을 수 있는 일이다. 미국이 과거 캄차카 반도 부근에서 소련 영해에 비밀리에 들어가 작전을 하면서 해상에 부이를 설치한 일이 있다. 그 비밀작전이 소련에 의해 발각된 것은 어처구니없게도 미군이 설치한 부이에 "미국정부의 재산(The poverty of U.S. government)"이라고 새겨져 있었기 때문이다. 당시 연방법령에는 모든 미국 장비에 의무적으로 이런 글귀를 새겨 넣도록 했다. 그 결과 특수비밀작전에서도 조직의 이런 행태가 소련의 덜미가 잡히는 어처구니없는 결과를 초래한다. 조직의 일상적 업무수행은 아무리 중차대한 비상사태라 하더라도 기존의 행동절차나 규정을 준수하느라고 더 큰 목적을 간과하는 속성을 보인다.

이런 조직의 행태는 우리도 마찬가지다. 제1연평해전 당시에 급격히 사태가 악화된 배경에는 "NLL선상에 대형 함정을 일렬로 늘어서서 지키라"는 합참의 어처구니없는 지시가 있었다. 큰 배가 NLL선상에 늘어서 버티라는 건 합참의 지상군 문화의 산물이었다. 못 보던 큰 배가 전투해역에 나타나니까 북한도 어뢰정을 출동시키기 시작했고, 이에 우리가 어뢰정을 무력화하기 위해 선체 충돌을 감행했다.

그런데 이것도 엉뚱한 발상이었다. 선체가 충돌시키는 해전은 고대 로마의 래밍 해전 이후 처음 있는 일이다. 왜 합참은 현대식 함정으로 고대의 전술을 답습한 것일까? 여기에는 청와대와 합참, 2함대 사이의 이상한 의사소통이 작용하고 있다. 이후 통제하기 어려운 분쟁으로 치달았다. 제2연평해전의 경우도 "북 함정과 3km 거리를 유지하라"는 2함대사령관의 지침과 근접차단기동을 선호하는 합참의 작전지침과 작전예규가 서로 충돌하면서 시작된 비극이다. 서로 다른 지시가 전투현장에 하달되면서 2함대 지휘체계는 붕괴 조짐을 보이고 이는 현장에서 전투원의 희생이라는 또 다른 비극으로 이어진다.

천안함 사건 당시에는 우리 합참이 거의 공항상태가 된다. 사건 발생 이후에도 청와대, 국방부, 합참, 민군합동조사단으로 나뉜 행위자들이 각기 언론에 자신에게 유리한대로 의견을 말하기 시작하자 정부 자체는 통제 불능 상태로 가고 극심한 혼선이 초래된다. 이런 안보 위기는 원래 선거에서 보수 여당에 유리한 것이지만 거꾸로 야당이 그 반사이익을 얻는다. 정부가 상황을 통제하지 못했기 때문이다. 연평도 포격사건 당시에는 합참과 주한미군 사이에 이상한 일들이 벌어진다. "항공기를 동원하여 폭격해도 되느냐"고 물어보는 합참에 주한미군은 "우리에게 묻지 말고 한국정부가 알아서 하라"고 답변하며 서로 갈등을 겪는다. 항공기로 북한의 포격 도발 원점을 때려도 되느냐, 마느냐의 문제로 우리 장성들의 의견이 양분되어 대혼란이 초래된다.

연평도 포격사건 당시에 공군의 전투기 출동문제도 미스터리다. 전투가 벌어질 당시에 부근 해역에서는 F-15K 전투기 3대가 비행하고 있었다. 이명박 대통령은 전광판에 표기된 전투기를 가리키며 "저걸로 라도 쏘라"고 했는데 문제

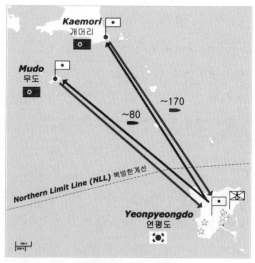

1. 개머리에서 14:30분에 연평도로 포격
2. 우리 측이 11분 만에 무도로 대응 포격
3. 무도에서 15:11분에 연평도로 포격
4. 우리 측이 14분 만에 무도로 포격

〈그림 4〉 연평도 포격사건 개요

는 당시 전투기가 공대지 미사일을 장착하지 않았던 걸 청와대 지하벙커에 앉아 있던 참모들 중 누구도 몰랐다. 그런데 엉뚱하게 때릴 수 없는 이유가 유엔사 정전시 교전규칙 때문이라고 대통령에게 보고되었다. 이에 합참의장은 자신의 권한으로 공대지 임무의 F-15K 전투기를 출격하라고 명령했다. 그런데 전투가 다 끝나고 2시간이 지나서야 그 전투기들이 왔다. 어차피 공중작전은 수행할 수 없는 상황이었다. 그런데 퇴임 직전에 이명박 대통령은 당시 상황을 회고하며 "군이 반대해서 전투기로 때리지 못했다"고 했다. 그런데 대통령이 말하는 군은 도대체 누구인가? 한민구 합참의장은 전투기로 때리라는 지시를 받은 적도 없고 반대한 적도 없다. 그런데 이렇게 논리적으로 맞지 않는 이 대통령의 발언은 퇴임하기 전날까지 계속된다. 군에 책임을 전가하겠다는 의도이다.

수없이 많은 증오와 적개심, 조직 간의 경쟁이 벌어지는 서해에는 우리에게 미스터리의 바다다. 사실 조직 간에 의사소통 실패, 합리성의 상실이 국가적으로 거대한 비합리성을 초래하는 동안 그 피해는 국민들에게 돌아가고 있다.

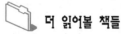 **더 읽어볼 책들**

• 김종대, 『시크릿파일, 서해전쟁』, 메디치미디어, 2013.

1999년 일어난 제1연평해전부터 연평도 포격 사건까지 12년 동안 서해 북방한계선 해역에서 일어난 다섯 차례 전투를 통해 서해 교전의 원인과 상황, 숨은 정치, 외교 상황을 담은 안보 논픽션이다. 청와대, 국방부, 합참, 한미연합사, 2함대 작전부서를 거친 수십 명의 예비역 장성과 현역장교, 전문가들의 증언을 모아 엮어졌다. 남북 간의 교전이 벌어진 구체적인 상황과 사소한 요인들까지 우리가 알던 바와 다른 뜻밖의 이야기들이 펼쳐진다.

• 김종대·정욱식, 『진짜안보』, 메디치미디어, 2013.

'안보'라는 가치가 국민의 안전과 행복과는 상관없이 군부와 정치권력 등에 이용되며 오히려 국민의 안전을 위협하고 있는 현실을 폭로한 책이다. 안보, 평화, 국제관계의 전문가인 저자들이 현장에서 얻은 경험과 풍부한 이론을 바탕으로 국내외 안보 이슈를 넘나들며 군사안보와 대북관계부터 핵발전소 문제, 통일문제에 이르기까지 모두 샅샅이 파헤친다.

영토분쟁 관련
국제법 판례의 동향과
한국에의 시사점

이석우

고려대학교 법학과를 졸업하고 영국 옥스포드대학교에서 법학박사학위를 받았다.
이후 미국 죠지워싱턴대학교, 영국 더램대학교, 영국 옥스포드대학교, 미국 죠지타운대
학교, 미국 하바드대학교, 일본 동경대학교 등에서 국제법(영토분쟁, 국제인권법)을
연구하였고, 현재는 인하대학교 법학전문대학원 교수로 재직하며 국제법을 강의하고
있다. 주요 저서로는 『일본의 영토분쟁과 샌프란시스코 평화조약』(2003), 『동아시아
의 영토분쟁과 국제법』(2007) 등이 있다.

영토분쟁 관련 국제법 판례의 동향과 한국에의 시사점

1. 서론

'영토 취득 및 상실과 관련한 국제법의 일반원칙(이하, 영토 취득과 관련한 국제법의 일반원칙)'은 1928년 팔마스 섬 중재재판 이후, 국제사법재판소(International Court of Justice, 이하 'ICJ') 등 각종 국제사법기관을 통해 결정된 영토분쟁에 관한 판례들을 통하여 정립되어 왔다. 이와 관련하여 주로 논의되는 주요 판결들, 특히 도서분쟁을 사안으로 한 사례들만을 기준으로 할 때, 상기 언급한 '팔마스 섬 중재재판' 이후 결정된 1931년 '클리퍼튼 섬 중재재판', 1933년 '동그린란드 사건', 1953년 '망키에와 에크레오 사건', 그리고 거의 40여 년이 지난 후인, 1992년 '엘살바도르와 온두라스 간의 폰세카 만

분쟁 사건(이하, 폰세카 만 분쟁 사건)' 등은 '영토분쟁', 그 가운데 특히 '도서 영유권 분쟁'과 관련된 국제법의 제 원칙을 논하는 데 있어 핵심적인 지위를 차지하고 있다.

문제는 1992년 ICJ가 폰세카 만 분쟁 사건에 대한 판결을 내린 이후, 1990년대 말부터 거의 매년, 영토분쟁과 관련된 주요한 판결들이 ICJ 및 상설중재법원(Permanent Court of Arbitration, 이하 'PCA') 등의 국제사법기관을 통해 결정되고 있는 국제사회의 변화된 추세에 주목할 필요가 있다. 다시 말해 1998년 '홍해상의 도서분쟁 중재재판', 1999년 '카시킬리/세두두 도서분쟁 사건', 2001년 '카타르와 바레인 간의 해양경계 및 영토분쟁에 관한 사건(이하, 카타르와 바레인 간 영토분쟁 사건)', 2002년 '카메룬과 나이지리아 간의 영토 및 경계획정 분쟁 사건(이하, 카메룬과 나이지리아 간 영토분쟁 사건)', 2002년 '인도네시아와 말레이시아 간의 리기탄과 시파단 도서분쟁 사건(이하, 리기탄과 시파단 도서분쟁 사건)', 2005년 '베닌과 니제르 간의 영토 및 경계획정 분쟁 사건(이하, 베닌과 니제르 간 영토분쟁 사건)', 2007년 '니카라과와 온두라스 간의 카리브 해 해양경계 분쟁 사건(이하, 카리브 해 해양경계 분쟁 사건)', 2008년 '말레이시아와 싱가포르 간의 페드라 브랑카/플라우 바투 푸테, 미들 락, 그리고 사우스 렛지에 대한 주권 분쟁 사건(이하, 말레이시아와 싱가포르 간 주권 분쟁 사건)', 2009

〈그림 1〉 국제사법재판소

년 '루마니아와 우크라이나 간의 흑해상의 해양경계 분쟁 사건(이하, 흑해상의 해양경계 분쟁 사건)', 그리고 2012년 '니카라과와 콜롬비아 간의 영토 및 해양경계 분쟁 사건(이하, 니카라과와 콜롬비아 간 영토분쟁 사건)' 등 해당 지역의 평화 공존 및 협력을 저해하는 주요 분쟁들이 최근 국제사법기관을 통해 평화적으로 해결되었다.1)

이러한 경향은 1997년 '헝가리와 슬로바키아 간의 갑지코

---

1) 국제사법기관의 최근 판례 동향에 대해서는 일반적으로, Project on International Courts and Tribunal의 홈페이지 http://www.pict-pcti.org 등 참조.

보-나지마로스 댐 사건'에서 ICJ가 분쟁 당사국들이 분쟁을 해결하기 위해 신의성실하게 교섭할 국제법상의 의무가 있다고 판시한 바와 같이 분쟁의 평화적인 해결 방안 모색이 현대 국제법의 추세임을 입증하고 있다. 따라서 최근의 영토 취득 및 상실과 관련한 주요 사례들에 대한 결정 및 판결을 내리는 데 있어 국제사법기관이 어떠한 법리를 적용했는지를 분석하는 것은 그 연구의 필요성이 크다고 본다.

2. 최근의 영토 취득 및 상실과 관련한 주요 사례들에 대한 인식

1928년 팔마스 섬 중재재판 이후, ICJ 및 각종 국제사법기관을 통해 결정된 영토분쟁에 관한 판례들을 통하여 정립된 '영토 취득과 관련한 국제법의 일반원칙'은, 국가가 분쟁 영토에 대한 영유권 내지는 주권을 행사했음을 입증하기 위해서는 다음과 같은 요소들을 만족시켜야 함을 보여주고 있다. 즉, 첫째, 특정 분쟁지역에 대한 국가 권력의 행사가 실질적, 지속적, 평화적, 그리고 충분한 방식으로 전개되어야 한다. 둘째, 영토 주권은 분쟁의 대상인 영토의 특성에 따라 다른 형태로 전개된다. 셋째, 영토 주권은 일반적으로 주권의 발현을 의미하는 국가 및 정부 권한의 기능 행사에 관해 분쟁 당사국들이 제기하는 증거들을 평가함으로써, 그 상대적으로 근소한 우세(marginally relative merits)를 판정하는 과정을 거쳐 형성된다. 그리고 넷째, 증거의 증빙력은 분쟁 영토의 점유와 직접적으로 관계가 있는 국가의 행위와 관련되어야만 한다. 이러한 제 원칙들은 전통적인 '영토 취득과 관련한 국제법의 일반원칙'을 형성하고 있다.

그러나 기존 해당 지역의 평화 공존 및 협력을 저해하는 주요 영토분쟁들이 최근 국제사법기관을 통해 사법적, 평화적으로 해결되면서, 국제사법기관은 기존의 전통적인 '영토 취득과 관련한 국제법의 일반원칙'과는 다른 법리를 보여주고 있다. 특히, 최근의 판례 등을 통해, ICJ가 도출한 가장 대표적인 법리 가운데 하나는, 영유권 분쟁을 해결함에 있어 당시 분쟁지역을 지배하고, 실질적인 영토 처분의 권한을 행사했던 제국주의 국가의 결정이나, 그러한 결정이 반영된 조약의 해석 및 적용에 대해 절대적인 증거 능력을 가지고 있는 것으로 평가함으로써, 논란의 여지가 많은 역사적인 사료에 대한 증빙력을 계속해서 부정하는 입장을 견지해 오고 있다는 사실이다.

결과적으로 신생 독립 국가들이 연관된 영토분쟁의 해결을 위해 이들 지역 및 분쟁 국가들을 식민 지배했던 과거

제국주의 국가들의 무차별적인 영토 확장을 위한 전횡을 무비판적으로 수용했던 ICJ를 비롯한 국제사법기관의 이러한 법리는 잔혹했던 식민지 시대의 부활이라는 비판을 야기했다. 영토분쟁 및 해결에 대한 유럽 중심주의적인 현대 국제법의 인식과 관련한 문제제기는 제3세계 국제법 학자들을 중심으로 꾸준하게 전개되어 왔다. 이러한 제3세계 학자들의 국제법 발전에 대한 담론은 영토분쟁과 관련하여 과거 제국주의 국가들의 무차별적인 영토 확장을 위한 전횡을 무비판적으로 수용하고 있는 현 국제사법기관의 법리에 대한 비판으로 이어지고 있다. 그러나 이러한 최근 기능주의적인 판결에서 보여준 국제사법기관의 법리에 대한 인식은 아직 국제법 학계의 전반적인 공감대를 형성하고 있지 않은 것이 사실이다.

결과적으로, 식민지 시대를 경험했던 한국으로서는 독도 등의 영유권 주장과 관련, 한국은 현 국제사법기관의 법리를 잔혹했던 식민지 시대의 부활이라는 차원에서 적극적으로 대응해야만 한다는 것이다. 또한, 동아시아에서의 일본 제국주의의 식민지 확장/팽창 과정 및 정책이 유럽 제국주의 국가들의 아프리카, 라틴아메리카 등지에서의 식민지 확장/팽창 과정 및 정책과 비교하여 가지고 있는 특수성에 대해서도 검증하는 작업이 요구된다고 본다.

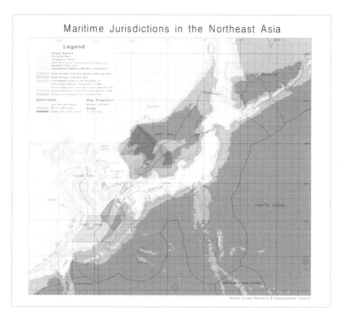

<그림 2> 동북아시아 해양관할권

3. 영토분쟁 관련 최근 판례 분석

상기 언급한 문제 인식의 시각에서 본 연구는 2001년 '카타르와 바레인 간 영토분쟁 사건', 2002년 '카메룬과 나이지리아 간 영토분쟁 사건', 2002년 '리기탄과 시파단 도서분쟁 사건', 그리고 2005년 '베닌과 니제르 간 영토분쟁 사건'에 대해 중점적으로 분석한다.

1) 2001년 카타르와 바레인 간의 해양경계 및 영토분쟁에 관한 사건

동 사건은 하와르(Hawar), 주바라(Zubarah), 하드 자난(Hadd) 및 자난(Janan), 퀴타트 자라다(Qit'at Jaradah)를 비롯하여, 간조시 노출지干潮時 露出地(low-tide elevation)인 파시트 애드 디발(Fasht ad Dibal) 등에 대한 영유권 분쟁과 분쟁 당사국 간의 해당 지역에서의 해양경계 획정에 관한 사건이다. 동 사건에서 ICJ는 하와르, 퀴타트 자라다에 대한 바레인의 영유권을, 주바라, 하드 자난 및 자난, 파시트 애드 디발에 대한 카타르의 영유권을 인정했다.

ICJ는 주바라의 주권 문제를 판단함에 있어, 1868년 영국 정부와 바레인의 지배자 간에 체결된 협정 이후의 기간 동안, 카타르의 지배자는 주바라의 영토에 대한 권한을 점차적으로 응고시켜 갔으며(consolidated), 이는 1913년 영국-오토만 협약에 의해서도 확인되었고, 따라서 결과적으로 카타르의 주바라에 대한 주권은 1937년 완전히 확립되었다고 판단했다.

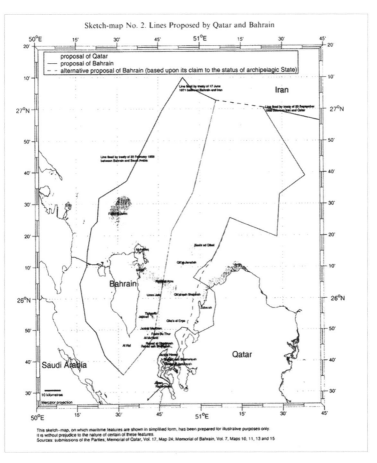

Sketch-map No. 2. Lines Proposed by Qatar and Bahrain

proposal of Qatar
proposal of Bahrain
alternative proposal of Bahrain (based upon its claim to the status of archipelagic State)

Iran

Bahrain

Qatar

Saudi Arabia

This sketch-map, on which maritime features are shown in simplified form, has been prepared for illustrative purposes only.
It is without prejudice to the nature of certain of these features.
Sources: submissions of the Parties; Memorial of Qatar, Vol. 17, Map 24; Memorial of Bahrain, Vol. 7, Maps 10, 11, 13 and 15

〈그림 3〉 2001년 카타르와 바레인 간의 해양경계 및 영토분쟁에 관한 사건

가장 주요한 하와르 섬의 주권 문제에 있어, ICJ는 영국 정부가 1939년 7월 11일에 내린 결정 및 바레인 주재 영국 정치고문관(British Political Agent)에 의해 바레인과 카타르 양 국의 지도자에게 보내진 동일한 용어로 기초된 1947년 12월 23일자의 편지를 인용하고, 이들 결정내용이 양 분쟁 당사국을 구속한다고 판단, 하와르 섬에 대해 바레인이 주권을 향유한다고 판시했다. 이와 관련, 원시적 근원의 존재, 주권의 행사로서의 효율적인 행정(effectivités), 그리고 uti possidetis 원칙의 적용 가능성 등에 근거한 양 분쟁 당사국의 주장들에 대해 ICJ는 판정할 필요가 없다고 언급했다.

자난 섬의 주권 문제에 있어서는, 하와르 섬에 대한 1939년 결정을 내린 영국 정부는 상기 서신들의 4(ii)항의 마지막 문장에서 "자난 섬은 하와르 섬의 구성 도서가 아니다"라고 명시한바, ICJ는 영국 정부가 1939년 결정 및 그 결정으로부터 야기된 모든 상황에 대해서 권위 있는 해석을 제공했다고 판시하고, 하드 자난을 포함한 자난 섬에 대해 카타르가 주권을 향유한다고 판시했다.

퀴타트 자라다 섬의 주권 문제에 있어서는, ICJ는 퀴타트 자라다가 양 국가의 12해리 내에 위치하고 있는 매우 작은 섬이라고 언급하고, 퀴타트 자라다의 매우 작은 도서라는 특성을 감안할 때, 바레인에 의해서 행해진 일련의 행위들,

특히 수로 표지의 설치 등은 국가의 주권 행사로서의 행정 행위의 증거로서 충분하다고 보고, ICJ는 바레인이 퀴타트 자라다 섬에 대한 주권을 향유한다고 판시했다.

한편, 파시트 애드 디발의 주권 문제에 대해, ICJ는 영해의 밖에 위치한 간조시 노출지는 그 자신의 영해를 가질 수 없고, 섬 또는 다른 영토와 같은 권리를 향유할 수 없다고 판시했다. ICJ는 따라서 등거리선을 긋기 위해서 간조시 노출지는 무시되어야 된다고 결론을 내리고, 퀴타트 자라다와 파시트 애드 디발 사이에 경계선을 획정함으로써, 상기 언급한 바와 같이 퀴타트 자라다는 바레인에게, 그리고 파시트 애드 디발은 카타르에게 영유권이 귀속되는 것으로 결론을 내렸다.

2) 2002년 카메룬과 나이지리아 간의 영토 및 경계 획정 분쟁 사건

동 사건에서 ICJ는 바카시 반도(Bakassi Peninsula)의 주권 문제 이외에도, 1975년 결정된 해양경계 이외 양국 간에 여타 해양경계를 획정하는 사안들에 대해 판결하였다. 본 연구에서는 바카시 반도의 주권 귀속 여부와 관련한 논의만을 분석한다.

바카시 반도에 대한 자국의 주권을 입증하기 위해 카메룬은, '1913년 3월 11일에 체결된 영·독협정(Anglo-German Agreement of 11 March 1913)'이 바카시 반도 주변에 있어서의 양국의 경계선을 획정하였으며, 동 협정에 의해서 바카시 반도가 독일측 영역에 귀속되었다고 주장했다. 바카시 반도에 대한 자국의 주권을 입증하기 위해 나이지리아는 1913년 3월 11일에 체결된 영·독협정에도 불구하고, 당시 바카시 반도가 올드 카라바의 왕 및 족장들의 주권하에 있었다고 주장했다.

1884년 9월 10일 영국과 올드 카라바의 왕 및 족장들 간에 체결된 보호조약과 1913년 3월 11일에 체결된 영·독협

〈그림 4〉 2002년 카메룬과 나이지리아 간의 영토 및 경계 획정 분쟁 사건

정(Anglo-German Agreement)의 지위에 대해 ICJ는 당시의 유효한 법 체제 내에서 발효한 '보호조약(Treaty of Protection)'의 국제법적 지위는 몇몇 보호조약들이 국제법상 이미 확립된 주권을 향유한 상태에 있는 실체와 체결되었듯이, 조약 자체의 명칭만으로 추론될 수 있는 것은 아니라는 사실을 강조하였다.

사하라 사막 이남지역의 아프리카에서는, 보호조약이란 명칭을 가진 조약들은 국가들과 체결된 것이 아니며, 해당 지역에 대해 통치력을 행사할 수 있는 중요한 원주민 지배자들과 체결되었다고 언급했다. 이러한 형식의 조약을 통한 당시의 영토 취득 유형이 현대 국제법을 제대로 반영하고 있는 것은 아니라고 할지라도, 시제법(inter-temporal law)의 원칙2)을 적용하면, 당시 니제르 삼각지역에서 체결된 조약들의 법적 결과들은 현재의 분쟁과 관련하여 계속해서 유효하다고 ICJ는 판시했다.

ICJ는 따라서, 당시의 법에 의하면, 영국은 1913년 분쟁 지역인 남쪽 지방을 포함하여, 나이지리아와 관련, 독일과의 경계선을 결정할 수 있는 지위에 있었다고 결론지었다.

---

2) 시제법의 원칙이란, 특정한 시기의 특정한 분쟁에 어떠한 법 원칙을 적용해야 하는가의 문제와 관련된 것으로, 분쟁 당사자들 간의 특정한 분쟁 사안에 대해 당사자들이 제기한 주장은 분쟁이 발생한 당시에 존재했던 국제법과 법 원칙에 따라 평가되어야만 한다는 원칙을 말한다.

한편, 1913년 3월 11일에 체결된 영·독협정의 체결에서부터 분쟁 당사국인 카메룬과 나이지리아가 독립을 성취한 1960년까지의 기간 동안, 동 협정에 의해 규정된 경계선의 남쪽지역의 지위에 대해서도 양국의 입장은 대립되었다. 즉, 카메룬은 위임과 신탁통치의 기간 동안, 그리고 그 이후의 독립 기간 동안, 카메룬과 바카시 반도와의 관계에 대해 국제사회의 승인(recognition)이 있었음을 강조했다. 이에 대해서 나이지리아는 비록 1884년 조약이 유효했지만, 영국은 어떠한 시점에서도 바카시 반도에 대한 처분 권한을 가지고 있지 않았다고 반박했다. 따라서 나이지리아는 바카시 반도와 관련하여, 영국의 행위들이 위임 또는 신탁통치 기간 동안 나이지리아의 보호령으로부터 바카시 반도를 분리할 수 있는 정도의 행위로 평가 받을 수 없음을 강조했다. 이에 대해, ICJ는 1913년 3월 11일에 체결된 영·독협정은 유효하며, 동 사건에 있어서 전적으로 적용된다고 판시했다.

나이지리아는 바카시 반도의 권원과 관련, 첫째, 나이지리아와 나이지리아 인에 의한 오랜 점유는 권원의 역사적 응고에 해당하며, 올드 카라바의 왕 및 족장들의 원시적 권원이 나이지리아가 1960년 독립한 시점에 나이지리아로 이전되었음이 확인되었으며 둘째, 주권행사로서의 나이지리아에 의한 평화적인 점유, 그리고 카메룬에 의한 항의의 결여 그리고 셋째, 바카시 반도에 대한 나이지리아의 주권 행사와 이에 대한 카메룬의 묵인 등 세 가지의 상호 연관된 주장들을 제기했다. 나이지리아는 특히 권원의 역사적 응고이론과, 나이지리아 독립 이후의 기간 동안 행해진 카메룬의 묵인은 바카시 반도에 대한 독립적이고도 충분한 권원을 형성한다는 논리를 강하게 개진했다.

카메룬은 이에 대해, 법적인 조약에 근거한 권원은 나이지리아에 의해 주장된 주권의 행사로서의 효율적인 행정과 같은 수준의 그 무엇에 의해서도 대체될 수 없다고 주장했다.

ICJ는 결과적으로 바카시 반도에 대한 카메룬과 나이지리아 간의 경계선은 1913년 3월 11일에 체결된 영·독협정의 제18조부터 제20조에 의해 규정되었으며, 따라서, 분쟁 영토인 바카시 반도에 대한 주권은 카메룬에 귀속된다고 결론지었다.

3) 2002년 인도네시아와 말레이시아 간의 리기탄과 시파단 도서분쟁 사건

동 사건은 말레이시아의 사바(Sabah) 주의 남동 해안인 셀레베스 해(Celebes Sea)에 위치하고 있는 작은 도서들을 둘러싼 영유권 분쟁이다. 인도네시아는 1891년 6월 20일 "보르네오의 경계 획정에 관한 영국과 네덜란드 간의 협약(Convention between Great Britain and The Netherlands Defining Boundaries in Borneo, 이하 '1891년 협약)"의 제4조에 근거하여, 동 도서들에 대한 영유권을 주장하고 있다. 동 협약에 의하면, 영국과 네덜란드는 보르네오(Borneo)와 칼리만탄(Kalimantan) 사이로 경계선을 획정했고, 따라서, 현재의 분쟁 도서들은 네덜란드의 영토에 편입되게 되며, 1945년 8월 17일 인도네시아가 독립을 선포함에 따라, 네덜란드의 식민통치에 위치했던 모든 지역에 대해 인도네시아의 영토 주권이 인정된다고 주장하였다.

이에 대해, 말레이시아는 1878년과 1903년 각각 당시 말레이시아의 케술타난 술루(Kesultanan Sulu)와 영국 간에 체결된 영토의 할양과 함께, 스페인에서 미국, 미국에서 영국, 그리고 마침내 1963년 7월 9일 체결된 영국으로부터의 말레이시아의 분리, 독립에 관한 런던협정에 근거하여, 분쟁 도서인 리기탄과 시파단에 대한 영유권을 주장하고 있다. 말레이시아는 또한 역사적 권원과 실효적인 점유 등을 분쟁 도서에 대한 자국의 주권을 주장하기 위한 주요 사항으로 제기하고 있다.

ICJ는 1891년 협약의 해석과 관련, 동 협약의 제4조 본문, 전후 문맥 및 '대상과 목적(object and purpose)'에 비추어 볼 때, 동 협약이 세바틱의 도서 동쪽에 위치한 도서의 영유권을 결정하는 경계선을 설정한 것으로 해석될 수 없다는 입장을 밝혔으며, 결과적으로 동 협약은 분쟁 도서인 리기탄과 시파단에 대한 인도네시아의 권원을 형성하는 것으로 인정할 수 없다고 판시했다. ICJ는 이러한 결론이 동 협약의 준비작업(travaux préparatoires)과 동 협약의 체약 당사국들의 추후 행위에 의해 확인되었다고 언급했다.

권원의 승계에 대해서 ICJ는 인도네시아가 근원적 권원의 소유자인 부룽간의 술탄(Sultan of Bulungan)과 체결한 계약을 통해 네덜란드의 승계국가로서 동 분쟁 도서들에 대한 권원을 향유한다는 인도네시아의 주장을 받아들이지 않았다. ICJ는 또한 분쟁 도서인 리기탄과 시파단에 대한 술루의 술탄의 원시적 권원이 스페인, 미국, 북부 보르네오 국가를 대신한 영국, 대영제국, 그리고 최종적으로 말레이시아의 순서로 이전되었으며, 이러한 일련의 작용을 통해 말레이시아가 동 리기탄과 시파단에 대한 영유권을 획득했다는 말레이시아의 주장도 받아들이지 않았다.

양 분쟁 당사국 모두 분쟁 도서인 리기탄과 시파단에 대해 조약에 근거한 권원을 향유하고 있지 않다고 판단한 후, ICJ는 인도네시아 또는 말레이시아가 '해당 지역에서의 영토 관할권의 효율적인 행사의 증거로서의 행정적 권한의 행사(effectivités)'에 근거하여 분쟁 도서에 대한 권원을 취득할 수 있는지의 문제를 고려하였다. 이에 대해서, ICJ는 양 분쟁 당사국들의 분쟁 도서에 대한 영유권 주장이, 동 도서에 대해 주권국가로서 행위 하기 위한 의지 또는 의사 등, 권한의 실질적, 계속적인 행사를 입증할 수 있는 행위들에 근거했는지의 여부를 판단했다.

이러한 사항에 대해, 인도네시아는 분쟁 도서인 리기탄과 시파단 주변 해역에서의 네덜란드 및 인도네시아 해군의 계속적인 주둔에 대해 언급했다. 이러한 주장에 대해 ICJ는 문제의 해군 당국이 분쟁 도서인 리기탄, 시파단과 그 주변 해역이 네덜란드 또는 인도네시아의 주권하에 있었다고 인식한 사실을 도출할 수 없다고 판시했다. 인도네시아는 또한 동 분쟁 도서들 주변 해역이 인도네시아 어민들에 의해 전통적으로 이용되어 왔음을 강조했으나, ICJ는 이에 대해, 사인 私人의 행위는 그들의 행위가 공식적인 규정에 의하거나 또는 정부의 권한하에 이루어진 것이 아니라면, 주권의 효율적인 행사의 증거로서 인정될 수 없다고 판시했다.

주권의 효율적인 행사에 근거한 인도네시아의 주장에 대해 부정적인 판결을 내린 이후, ICJ는 말레이시아에 의해 주장된 주권의 효율적인 행사의 증거에 대해 심사하였다. 분쟁 도서에 대한 효율적인 행정조치 시행의 증거로서, 말레이시아는 북부 보르네오 당국이 분쟁 도서인 리기탄과 시파단에서, 당시 해당 지역에서 상당한 경제적 중요성을 가지고 있는 바다거북 알의 채취를 규율하고 통제하기 위해 취해진 조치들에 대해 주목했다. 말레이시아는 이러한 조치들이 1917년 '바다거북 보호령(Turtle Preservation Ordinance)'에 근거했으며, 이러한 법령이 두 분쟁 도서지역에서 적어도 1950년대까지 적용되었다고 주장했다. 말레이시아는 또한 북부 보르네오의 식민지 당국은 1962년 시파단, 1963년 리기탄에 각각 등대를 설치했으며, 이들 등대들은 오늘날까지 존재하고 있고, 말레이시아의 독립 이후 말레이시아 당국에 의해 유지되고 있다는 사실도 강조했다.

ICJ는 말레이시아에 의해 주장된 행위들은 그 수량적인 측면에 있어서는 많지 않으나, 입법, 행정, 그리고 준-사법적인 행위들을 포함하는 등 다양한 성격을 내포하고 있다고 언급했다. 또한, ICJ는 그러한 행위들이 상당한 기간에 걸쳐 행사되었으며, 이러한 행위들은 분쟁 도서에 대한 상당한 의미의 행정 작용이라는 측면에서 볼 때, 이들 두 분쟁 도서들에 대해 국가 기능을 행사하고자 하는 의지를 표현한 것으로 인정했다. ICJ는 이러한 행위들이 취해졌을 당시, 인도네시아 또는 그 이전 국가인 네덜란드는 그러한 행위에 대해 어떠한 항의 또는 저항도 표출하지 않았다는 점도 고려했다. 따라서 ICJ는 상기 언급한 주권의 효율적인 행사에 근거하여, 말레이시아의 분쟁 도서인 리기탄과 시파단에 대한 주권을 인정하였다.

4) 2005년 베닌과 니제르 간의 영토 및 경계획정 분쟁 사건

분쟁 당사국인 두 국가는 독립 이전 모두 프랑스령 서부 아프리카(French West Africa)의 영토를 구성했다. 베닌은 다오미(Dahomey)의 이전 식민지였으며, 니제르의 영토는 식민지 통치시대 여러 행정적인 귀속 주체의 변화에 따라 분할되었다. 특별협정을 통해서 분쟁 양국이 ICJ에 의뢰한 사안은 첫째, 니제르 강(River Niger)에 있어서 베닌과 니제르 간의 경계선을 획정하고 둘째, 상기 강에 위치하고 있는 레테 섬(Lété Island)을 위시한 도서들의 귀속 문제를 확정하고 그리고 셋째, 메크로우 강(River Mekrou)에 있어서 두 국가 간의 경계선을 획정하는 것이었다.

양 분쟁 당사국이 식민지 시대의 행정적인 행위에 근거한 권원이 있음을 입증하지 못했기에, ICJ는 따라서 식민지 시대 권한의 실효적인 행사(the effective exercise of authority during the colonial period)인 effectivités에 근거한 증거들을 평가해야만 했다. 해당 증거들에 근거하여, ICJ는 "베닌과 니제르 간의 경계선은 양국의 독립 시점에 존재했던 니제르 강의 주요 항해 가능(가항) 수로(main navigable channel)"라고 결론지었다. 이러한 결정 방식에 따라, 레테 섬은 니제르의 주권하에 귀속되게 되었다.

동 사건에 대한 판결에서 논의된 주요 법리 가운데 ICJ는 제소된 해당 사건의 경우에 양국 간의 분쟁이 되고 있는 경계선이 프랑스 식민지 시대의 행정구역으로부터 유래했다는 사실을 감안하여, uti possidetis 원칙에 근거하여 해결해야 한다고 결론을 내렸다. 동 원칙은 주권의 기초로서 효과적인 점유보다 법적인 권원에 보다 우월적으로 부합되며, 동 원칙의 본질은 식민시대에 형성된 이전의 행정적인 구획이 국제적인 국경선이 되는 것을 포함해, 독립을 성취할 당시의 영토 경계에 대한 존중을 보장하는 것을 주요 목적으로 하고 있다.

ICJ는 양 당사국이 의존하고 있는 법적 권원들을 우선적으로 검토할 필요가 있으며, ICJ의 판결에서 일찍이 요청되었던 원칙에 따라 effectivités는 확인상의, 혹은 보조적인 근거로서만 함께 검토할 것임을 밝혔다. 즉, effectivités는 권원에 대해 충분히 의심할 만하거나, 권원이 존재하지 않는 경우에만 고려의 대상이 될 수 있을 뿐이지, 권원이 상이한 경우에 권원을 넘어설 수 있는 것이 결코 아님을 이유로, ICJ는 uti possidetis 원칙을 적용하기 위해 effectivités를 검토할 필요는 없다고 결정하였다. ICJ는 나아가 부족한 자가(ex abundanti), 즉 문제의 영역에 있어서 상대적으로 약한 당사자가 effectivités에 의지한다고 하였다.

4. 결론

최근에 판결이 이루어진 사례들에 대한 개괄적인 분석을 통해 각각의 분쟁 사례들에서 논의된 쟁점 가운데 독도 등 한국의 영토분쟁에 대해 시사점을 가지는 사안은 다음과 같다.

결과적으로 카타르와 바레인 간 영토분쟁 사건에서 ICJ는 복잡다단한 사실 관계를 분석하고, 그 각각에 대해서 분쟁 당사국이 제시한 증거를 분석할 때, 가장 증빙력이 강한 증거가 무엇인지를 파악하는데 판결의 초점을 두었다는 것을 알 수 있다. 특히, 동 판결에서는 그러한 가장 증빙력이 강한 증거가 바로 당시 분쟁지역을 지배했던 제국주의 국가의 판단, 즉 1939년 영국 정부의 결정이었다는 점은 신생 독립 국가들 간의 영토분쟁의 해결에 있어서 시사하는 바가 크다고 할 수 있다. 여기에서 주목해야 하는 것은, 2001년 카타르와 바레인 간 영토분쟁 사건 이전에 결정된, 영토분쟁과 관련된 주요한 판결들에 의해 형성된, '영토 취득 및 상실과 관련한 국제법의 일반원칙'과, 동 사건의 판결을 포함, 그 이후에 결정된 영토분쟁과 관련된 주요한 판결들에 의해 형성된, '영토 취득 및 상실과 관련한 국제법의 일반원칙'에는, 변화하는 시대적 배경 및 상황을 감안한, 미세한 차이점이 발견된다는 것이다. 그러한 미세한 차이점 가운데 하나가, 상기 분석한 바와 마찬가지로, 현재의 국제사법기관은 보다 실용적이고 실무적인 입장에서 분쟁 사례들의 증거를 평가하고 있다는 것이며, 이에 대한 단적인 예를, 2001년 카타르와 바레인 간 영토분쟁 사건은 보여주고 있다고 할 수 있다.

카메룬과 나이지리아 간 영토분쟁 사건에서 보여준 ICJ의 영토분쟁에 대한 법리 또한 국제사법기관이 최근의 영토분쟁에 관한 판결에서 보여준 입장을 재확인하고 있다. 즉, 예를 들어, ICJ가 바레인의 하와르 섬에 대한 주권을 인정하는 데 있어서 판결의 거의 유일한 근거로서 1939년 영국 정부의 관련 결정문만을 참고로 한 2001년의 카타르와 바레인 간 영토분쟁 사건과 마찬가지로, 식민지에서 독립한 신생 국가들 간의 영토분쟁에 있어서는 당시 지역을 식민 지배했던 제국주의 서구 열강들의 해당 분쟁 영토에 대한 처분 및 입장이 절대적인 증거 능력을 가지고 있는 것으로 평가된다. 가장 확실시되는 증거에 전적으로 의존하는 법리를 계속해서 보여주는 국제사법기관의 최근의 추이는 독도분쟁을 위시하여 기타 한국의 영유권 분쟁과 관련, 시사하는 바가 크다고 할 수 있다.

리기탄과 시파단 도서분쟁 사건도 한·일 간에 전개되고 있는 독도분쟁과의 연관성이라는 측면에서 볼 때, 그 유사한 사항이 많다고 판단된다. 즉, 독도의 경우, 샌프란시스코 평화조약의 해석을 통한 독도의 지위 여부와, 1905년 일본이 독도를 시마네현島根縣에 편입하였을 당시 일본 측이 주장하는 바와 같이 독도가 무주지(terra nullius)가 아니라, 한국의 영토였음이 한국이 제시하는 역사적인 증거들에 의해 입증이 될 수 있는지의 여부, 그리고 1952년 이후 독도에 대한 한국의 국가 및 정부 기능의 행사가 가지는 국제법적 의미 등을 감안할 때, 상기 리기탄과 시파단 도서분쟁 사건에 대한 ICJ의 판결 및 그 판결상의 법리는 독도분쟁에 의미하는 바가 지대하다고 판단된다.

베닌과 니제르 간 영토분쟁 사건에서는 영토분쟁에 관한 최근의 판례들을 통해 보여준 국제사법기관의 기능주의적인 법리가 강화되고 있음을 파악할 수 있다. 즉, 식민지로부터 유래한 경계선의 국가승계 원칙인 uti possidetis 원칙의 적용은 현 국제사법기관의 인식을 대변하고 있다고 보여진다. 또한, ICJ가 동 uti possidetis 원칙을 적용하는 데 있어, 독립일 이후의 지도, 연구, 또는 여타 자료들이 당시 존재했던 상황들을 설명하는 데 있어 관련이 있을 수도 있다는 가능성을 배제할 수 없었다고 지적한 것은 결정적 기일(critical date)의 선정과 관련한 증거의 증빙력 여부 판단에 중요한 시사점을 제공하고 있다. 한편, 현재 학계에서도 많은 논의가 있는 effectivités와 권원 간의 법적 관계에 대한 평가 및 이에 대한 ICJ의 인식은 법리적으로 영토 취득과 관련한 국제법의 일반원칙에 대한 지속적인 연구작업이 독도분쟁의 핵심과제임을 재확인시켜 주고 있다.

결론적으로 상기 사례들에 대한 개괄적인 분석을 통해 독도분쟁에 대한 시사점으로 파악할 수 있는 사안은 현대 국제법의 법리에 근거한 문제점/쟁점들의 파악이 영토분쟁의 해결에 있어 근간을 이루어야 하며, ICJ의 최근 기능주의적인 판결 동향의 극복과 식민주의에 대한 이해/연구가 지속적으로 전개되어야 된다는 것이다.

더 읽어볼 책들

• 고봉준 외, 『동아시아 영토문제와 독도』, 동북아역사재단, 2013.

이 책은 2010년 9월 센카쿠제도(중국명 댜오위다오) 주변 해역에서 벌어진 중국어선 충돌사건을 계기로 중·일 간 외교 갈등이 벌어진 이후 동북아역사재단에서 2011년부터 3년간 진행한 공동연구 프로젝트 '동아시아 영토분쟁의 과거·현재·미래'의 결과물이다. 센카쿠제도의 영유권 문제를 둘러싸고 외교적 공방 속에 표출되고 있는 중국과 일본의 입장에 대한 연구, 쿠릴열도 네 개의 섬 반환문제로 지루한 공방을 하고 있는 일본과 러시아의 영토정책에 대한 연구, 동아시아 영토문제에 대한 미국의 입장과 영토분쟁의 해결사례에 대한 연구 등 총 7편의 논문으로 구성되어 있다.

• 이석우, 『일본의 영토분쟁과 샌프란시스코 평화조약』, 인하대학교 출판부, 2003.

국제공법상의 입장에서 동아시아의 영토분쟁을 고찰한 연구서이다. 일본이 현재 독도 이외에도 러시아와는 쿠릴 섬, 중국 및 대만과는 센카쿠 섬을 둘러싼 영토분쟁의 당사국이라는 인식을 제고하고, 샌프란시스코 평화조약의 해석 문제를 포함해 독도분쟁의 대응 방안을 강구하고 있다.

• 이석우, 『동아시아의 영토분쟁과 국제법』, 집문당, 2007.

독도분쟁과 간도문제 등 동아시아 영토분쟁 사례를 분석한 책이다. 저자는 동아시아 영토분쟁을 살펴보기에 앞서 먼저 영토 취득 및 상실과 관련한 국제법의 기본 원칙을 소개한 다음, 한국과 일본 간의 독도분쟁, 한국과 중국 간의 간도분쟁을 각각 국제법에 의거해서 자세히 정리하였다.

• 이창위 외, 『동북아 지역의 영유권 분쟁과 한국의 대응전략』, 다운샘, 2006.

일본의 영토정책의 입장을 분석하여 우리의 독도 문제에 대한 대응책을 확보하기 위한 목적으로 만들어진 책이다. 동북아시아 영토문제 전체의 틀에서 독도를 바라봄으로써, 모순되는 일본의 영토정책을 이해하고 우리의 합리적인 대책을 마련하는 데 도움이 된다.